dtv

Wer eine Leidenschaft für die Toskana hegt, weiß, dass es unendlich viel Literatur zu dieser herrlichen Kulturlandschaft gibt. In diesem Band können aber selbst Kenner noch überrascht werden, denn hier findet sich Bekanntes und Unbekanntes, Klassisches und Modernes, Eingängiges und Anspruchsvolles in italienisch-deutschem Paralleldruck. Erzählungen und Gedichte, Feuilletons, Briefe oder auch volkstümliche Redensarten breiten die Farbigkeit toskanischer Lebensart vor dem Leser aus und laden ihn zu einer Literatur- und Sprachreise ein.
Von Giovanni Boccaccio, Benvenuto Cellini, Dante Alighieri, Niccolò Machiavelli und Leonardo da Vinci in der frühen Neuzeit über die Klassiker Gabriele d'Annunzio, Alessandro Manzoni und Niccolò Tommasèo bis hin zu Gianni Rodari, Luigi Stefani und Antonio Tabucchi.

Ina-Maria Martens und *Emma Viale-Stein* haben für die Reihe dtv zweisprachig zahlreiche Bände herausgegeben und übersetzt.

FIORETTI DELLA TOSCANA
TOSKANA-LESEBUCH

Ausgewählt und übersetzt von
Ina-Maria Martens und Emma Viale-Stein

Deutscher Taschenbuch Verlag

dtv zweisprachig
Begründet von Kristof Wachinger-Langewiesche

2012 Deutscher Taschenbuch Verlag GmbH & Co. KG, München

Der Band war zuvor unter dtv 9370 lieferbar.
Umschlagkonzept: Balk & Brumshagen
Umschlagbild: ‹Poppies of Toscano›
(2005) von Art Fronckowiak
(Bentley Licensing Group)
Satz: Greiner & Reichel, Köln
Druck und Bindung: Kösel, Krugzell
Gedruckt auf säurefreiem, chlorfrei gebleichtem Papier
Printed in Germany · ISBN 978-3-423-09506-8

L'uomo fa il luogo, e il luogo l'uomo
(Proverbio toscano)

Luigi Stefani: La chiesa di Dante · Dantes Kirche 10 · 11

Dante Alighieri: Caronte · Charon 14 · 15

Vasco Pratolini: Il Quartiere · Unser Viertel 16 · 17

Leonardo da Vinci: Il castagno e il fico ·
Die Kastanie und der Feigenbaum 24 · 25

Giorgio Vasari: Monna Lisa · Mona Lisa 26 · 27

Bruno Cicognani: Inverno a Firenze · Winter in Florenz 28 · 29

Modi di dire · Redensarten 32 · 33

Benvenuto Cellini: Discendere da uomini virtuosi ·
Von trefflichen Männern abstammen 34 · 35

Fruttero & Lucentini: Il sorriso degli Etruschi ·
Das Lächeln der Etrusker 38 · 39

Niccolò Machiavelli:
In che modo e' principi abbino a mantenere la fede ·
Inwieweit Fürsten zu ihrem Wort stehen sollen 40 · 41

Renato Fucini: Dolci ricordi · Süße Erinnerungen 46 · 47

Giovanni Pascoli: Orfano · Verwaist 54 · 55

Giosuè Carducci: Pianto antico · Ewige Trauer 56 · 57

Fruttero & Lucentini: Al Palio di Siena col binocolo ·
Der Palio von Siena durchs Fernglas 58 · 59

Niccolò Tommasèo: Caterina da Siena ·
Katharina von Siena 68 · 69

Compiuta Donzella: Sonetto · Sonett 74 · 75

San Francesco: La predica alli uccelli ·
Sankt Franziskus: Die Predigt an die Vögel 76 · 77

Giovanni Pascoli: La quercia caduta · Die gefallene Eiche 78 · 79

Anna Banti: La voce della pittrice Artemisia ·
Die Stimme der Malerin Artemisia 80 · 81

Carlo Cassola: La ragazza di Bube · Bubes Freundin 86 · 87

Luigi Pulci: Considerazione acuta ·
Tiefsinnige Bemerkung 94 · 95

Giosuè Carducci: Colli toscani · Toskanische Hügel 96 · 97

Federigo Tozzi: Toppa · Fleck 98 · 99

Aldo Palazzeschi: L'incendiario · Der Brandstifter 102 · 103

Modi di dire · Redensarten 108 · 109

Giovanni Boccaccio: Messer Forese e maestro Giotto ·
Messer Forese und Meister Giotto 110 · 111

Modi di dire · Redensarten 114 · 115

Emilio Cecchi: La Serpe · Die Schlange 116 · 117

Giovanni Pascoli: Sera d'ottobre · Oktoberabend 122 · 123

Alessandro Manzoni: La Risciacquatura in Arno ·
Reinspülen im Arno 124 · 125

Giovanni Papini: Il ritorno alla terra ·
Rückkehr zur Erde 128 · 129

Ardengo Soffici: Firenze · Florenz 136 · 137

Indro Montanelli: Montale · Montale 140 · 141

Carlo Collodi: Pinocchio, il discolo di legno ·
Pinocchio, der hölzerne Lausbub 148 · 149

Aldo Palazzeschi: Sora Sofia · Sora Sofia 156 · 157

Modi di dire · Redensarten 162 · 163

Franco Sacchetti: Un consiglio di Dante · Ein Ratschlag Dantes 164 · 165

Michelangelo Buonarroti: Madrigale · Madrigal / Giovambattista Strozzi: Sopra la Notte del Buonarroto · Auf die Nacht des Michelangelo / Risposta del Buonarroto · Michelangelos Antwort 168 · 169

Antonio Tabucchi: Borgo, soltanto · Ganz einfach Borgo 170 · 171

Canto popolare · Volkslied 172 · 173

Arrigo Benedetti: Le mura di Lucca · Die Stadtmauer von Lucca 174 · 175

Modo di dire · Redensart 182 · 183

Galileo Galilei: Lettera a Elia Diodati · Brief an Elia Diodati 184 · 185

Vittorio Alfieri: Pioggia · Regen 188 · 189

Tommaso Landolfi: Forte dei Marmi fuori stagione · Forte dei Marmi außerhalb der Saison 190 · 191

Gabriele D'Annunzio: Meriggio · Mittagsstunde 200 · 201

Dante Alighieri: Ahi Pisa · Oh Pisa 202 · 203

Gianni Rodari: Strani casi della Torre di Pisa · Seltsames um den Turm von Pisa 204 · 205

Nachwort 219

Bio-bibliographische Notizen 221

Il destino di questa chiesa che, da pochi mesi, si è aperta alla pietà e all'ammirazione dei fiorentini e degli stranieri, è stato molto amaro. Un silenzio di tomba era caduto e gravava su di essa. Ignorata, con le porte sprangate, ha atteso per decenni un respiro all'aria aperta, un battito del cuore nel suo corpo ibernato.

Una delle 36 chiese parrocchiali della antica cerchia era stata esiliata. Testimone della pietà del più grande poeta cattolico di tutti i tempi, aveva subìto la sua stessa sorte.

Sto rivelando una notizia molto grave e, mio Dio, purtroppo vera! Ogni giorno, dall'aprile 1979, me lo stanno confermando i fiorentini attoniti e i turisti increduli: Firenze conservava, nel cuore del suo Centro storico, un diamante, coperto dalle ceneri di un imperdonabile oblìo.

Neppure l'alluvione del 1966, che la sconvolse ed obbligò la Soprintendenza al restauro, riuscì a metterla in luce e far brillare la perla nascosta. Il dramma dell'alluvione; poi il restauro e; infine; ancora il silenzio! Quest'ultimo, più crudele della stessa alluvione!

Per fortuna il Terz'Ordine di Nostra Signora della Mercede la volle, nel 1955, sua sede canonica; diversamente sarebbe continuata ad essere un triste deposito di vecchi candelabri, di cuori d'argento ossidati, di statue in ferie o in pensione.

Il Terz'Ordine la custodì come una cappella privata, per cerimonie di carattere privato.

Ma nessuno disse mai che questa era la chiesa di Dante e che la sua importanza storica era maggiore della grande chiesa di Via del Corso, di cui diventò, solo nel 1831, la succursale. Brutta parola, che, tutta-

Luigi Stefani: Dantes Kirche

Das Schicksal dieser Kirche, die sich vor wenigen Monaten der Frömmigkeit und Bewunderung der Florentiner und der Fremden geöffnet hat, war sehr bitter. Grabesstille war über sie gefallen und lastete auf ihr. Unbeachtet hat sie mit verriegelten Türen jahrzehntelang auf einen Atemzug frischer Luft gewartet, auf einen Herzschlag in ihrem Winterschlaf.

Eine der 36 Pfarrkirchen des Alten Bezirks war ins Abseits gestellt gewesen. Als Zeugin der Frömmigkeit des größten katholischen Dichters aller Zeiten hatte sie das gleiche Schicksal wie er erlitten.

Ich enthülle etwas sehr Ernstes, und, oh Gott, leider Wahres. Seit April 1979 haben es mir entsetzte Florentiner und ungläubige Touristen tagtäglich bestätigt: Florenz barg im Herzen seines historischen Stadtkerns einen Diamanten, den die Asche unverzeihlicher Vergessenheit bedeckte.

Nicht einmal der Überschwemmung im Jahre 1966, die sie verwüstete und die Baubehörde zur Restaurierung verpflichtete, gelang es, die versteckte Perle ins Licht zu rücken und glänzen zu lassen. Das Drama der Überschwemmung, dann die Restaurierung und schließlich wieder Schweigen! Das Schweigen war noch grausamer als die Überschwemmung.

Zum Glück wählte der Dritte Orden von Nostra Signora della Mercede die Kirche im Jahre 1955 zu ihrem offiziellen Sitz, sonst wäre sie weiterhin ein trauriger Aufbewahrungsort für alte Kerzenleuchter, oxydierte silberne Herzen und Statuen auf Urlaub oder im Ruhestand geblieben.

Der Dritte Orden hütete die Kirche für seine internen Gottesdienste wie eine Privatkapelle.

Doch keiner sprach je davon, dass es sich um die Kirche Dantes handelte und dass ihre historische Bedeutung größer war als die der großen Kirche in der Via del Corso, deren Filialkirche sie allerdings erst 1831 wurde. Ein hässliches Wort,

via, esprime il povero ruolo, non certo meritato, di Santa Margherita de' Cerchi, la chiesa di Dante.

O meglio, qualcuno disse, a mezza voce, che questa era la chiesa di Dante; anzi lo incise sul marmo.

Ma più freddi ed immobili del marmo, «gli addetti ai lavori» non lo recepirono. *Quidquid recipitur* – è un vecchio adagio latino – *per modum recipientis recipitur.*

E, tra gli «addetti ai lavori», sarebbero dovuti essere anche, e soprattutto, i compilatori delle «guide artistiche» e degli «itinerari turistici». Per questi signori, colui che cantò divinamente la Fede cattolica ed esaltò, in modo incomparabile, la Vergine Madre, non ha una chiesa; la chiesa di Dante non esiste. Un accenno, appena, alla sua casa, che casa non è; ma della sua chiesa, che è chiesa, non una parola. E poi ci si meraviglia che i turisti stranieri, sostando sotto l'arco di Via S. Margherita, di fronte al cartello, comparso solo adesso «casa e chiesa di Dante», ci chiedano: «per favore, ma chi è Dante?» Deve essere un povero diavolo se nelle «guide» turistiche ed artistiche di Firenze non se ne parla, o quasi!

aber bezeichnend für die unbedeutende und gewiss unverdiente Rolle der Santa Margherita de' Cerchi, der Kirche Dantes.

Jemand sagte eher halblaut, dass es die Kirche Dantes sei; er ritzte es sogar in den Marmor.

Aber die für die Kirche Zuständigen, kälter und unbeweglicher als der Marmor, nahmen es nicht wahr. *Quidquid recipitur* – lautet ein alter lateinischer Sinnspruch – *per modum recipientis recipitur.*

Zu den zuständigen Leuten hätten auch, und zwar ganz besonders, die Verfasser der Kunstführer und der touristischen Reiseführer gehören müssen. Für diese Herren hat derjenige, der in erhabenem Gesang den katholischen Glauben bekannte und auf unvergleichliche Weise die jungfräuliche Mutter rühmte, keine Kirche. Die Kirche Dantes gibt es nicht. Schon kaum einen Hinweis auf sein Haus, das kein Haus ist; von seiner Kirche jedoch, die eine Kirche ist, kein Wort. Und dann wundert man sich, wenn ausländische Touristen unter dem Bogen der Via S. Margherita vor einem neuerdings angebrachten Schild *«Haus und Kirche Dantes»* uns fragen: *«Wer ist bitteschön Dante?»*. Er muss ein armer Teufel sein, wenn er in den Touristen- und Kunstführern von Florenz nicht oder fast nicht erwähnt wird!

Dante Alighieri: Caronte (Inferno III)

Ed ecco verso noi venir per nave
  un vecchio, bianco per antico pelo,
  gridando: « Guai a voi, anime prave!
Non isperate mai veder lo cielo:
  i' vegno per menarvi all'altra riva
  nelle tenebre etterne, in caldo e 'n gelo.
E tu che se' costí, anima viva,
  pàrtiti da cotesti che son morti. »
  Ma poi che vide ch'io non mi partiva,
disse: « Per altra via, per altri porti
  verrai a piaggia, non qui, per passare:
  più lieve legno convien che ti porti. »
E 'l duca lui: « Caron, non ti crucciare:
  vuolsi così colà dove si puote
  ciò che si vuole, e più non dimandare. »
Quinci fuor quete le lanose gote
  al nocchier della livida palude,
  che 'ntorno alli occhi avea di fiamme rote.
Ma quell'anime, ch'eran lasse e nude,
  cangiar colore e dibattìeno i denti,
  ratto che 'nteser le parole crude:
bestemmiavano Dio e lor parenti,
  l'umana spezie e 'l luogo e 'l tempo e 'l seme
  di lor semenza e di lor nascimenti.
Poi si raccolser tutte quante inseme,
  forte piangendo, alla riva malvagia
  ch'attende ciascun uom che Dio non teme.
Caron dimonio, con gli occhi di bragia,
  loro accennando, tutti li raccoglie;
  batte col remo qualunque s'adagia.

Dante Alighieri: Charon (Hölle III)

Sieh da! In einem Kahn fuhr auf uns zu
ein alter Mann mit altersweißem Haar,
der schrie: «Weh über euch, ihr bösen Seelen!
Hofft nicht, dass ihr den Himmel seht! Ich komme,
um euch ans andere Ufer zu verbringen,
in ewige Finsternis, in Frost und Hitze.
Du dort, lebendige Seele, trenne dich
von denen hier, denn die sind tot.» Und als
er sah, dass ich nicht wegging, sprach er:
«Nicht hier! Auf anderem Weg, zu anderen Häfen
gelangst du an das andere Ufer. Dich
wird besser leichteres Holz hinüberführen.»
Da sprach Vergil: «Charon, sei unbesorgt!
Dort, wo man alles, was man will, auch kann,
will man es so. Du hast nicht nachzufragen.»
Da wurde still das bärtige Gesicht
des Fahlblau-Wassertümpel-Fergen
mit seinen feuerrot gesäumten Augen.
Die Seelen aber, elend, nackt und bloß,
die wurden blass und klappten mit den Zähnen,
als sie die harte Wechselrede hörten.
Sie fluchten Gott, sie fluchten ihren Eltern,
der Menschheit fluchten sie, dem Ort, der Zeit,
der Ahnenschaft, der Zeugung, der Geburt.
Und dann begaben sie sich allesamt
laut weinend an das schlimme Ufer, das
die Menschen ohne Gottesfurcht erwartet.
Der Dämon mit den glühendroten Augen
bedeutet ihnen streng, wohin sie müssen;
wer rasten will, den schlägt er mit dem Ruder.

Vasco Pratolini: Il Quartiere

Noi eravamo contenti del nostro Quartiere. Posto al limite del centro della città, il Quartiere si estendeva fino alle prime case della periferia, là dove cominciava la via Aretina, coi suoi orti e la sua strada ferrata, le prime case borghesi, e i villini. Via Pietrapiana era la strada che tagliava diritto il Quartiere, come sezionandolo fra Santa Croce e l'Arno sulla destra, i Giardini e l'Annunziata sulla sinistra. Ma su questo versante era già un luogo signorile, isolato nel silenzio, gravitante verso San Marco e l'Università, disertato dalla gente popolana che lasciava i figli scavallare sulle proprie strade dai nomi d'angeli, di santi e di mestieri, nomi antichi di famiglie «grasse» del Trecento. Via de' Malcontenti ne era un'arteria e un monito; via dell'Agnolo la suburra, sulla quale immetteva Borgo Allegri ove in un'età lontana un'immagine della Madonna, dipinta da un concittadino immortale, portata in processione, si degnò miracolare in mezzo al popolo, «rallegrandolo».

Panni alle finestre, donne discinte. Ma anche povertà patita con orgoglio, affetti difesi con i denti. Operai, e più propriamente, falegnami, calzolai, maniscalchi, meccanici, mosaicisti. E bettole, botteghe affumicate e lucenti, caffè novecento.

La strada. Firenze. Quartiere di Santa Croce.

Il fanciullo poteva innocentemente contare le sue palline di terracotta, seduto sul gradino della casa di tolleranza, nel vicolo chiamato via Rosa; il popolano orinare senza rimorso al muro sotto

Vasco Pratolini: Unser Viertel

Wir waren mit unserem Stadtviertel zufrieden. Am Rande des Stadtzentrums gelegen, erstreckte sich das Viertel bis zu den ersten Häusern der Vorstadt, bis dorthin, wo die Via Aretina mit den Gemüsegärten und den Eisenbahnschienen, den ersten Bürgerhäusern und den kleinen Villen anfing. Via Pietrapiana hieß die Straße, die das Viertel schnurgerade durchschnitt, als wollte sie es in Santa Croce und Arno auf der rechten, und die Stadtgärten und die Annunziata auf der linken Seite teilen. Auf dieser Seite war es schon ein vornehmer, in seiner Stille abgeschlossener Ort, San Marco und der Universität zugewandt und von den Leuten aus dem niederen Volk gemieden; die ließen ihre Kinder auf ihren eigenen Straßen toben, die die Namen von Engeln, Heiligen und Handwerkerberufen hatten, oder alte Namen «reicher» Familien aus dem vierzehnten Jahrhundert. Von diesen Straßen war die Via de' Malcontenti eine Hauptstraße und gleichzeitig eine Mahnung; die Via dell'Agnolo war die verrufene Straße, in die der Borgo Allegri mündete, wo in fernen Zeiten ein von einem unsterblichen Mitbürger gemaltes und bei der Prozession mitgeführtes Bildnis der Madonna so gnädig war, mitten unter dem Volk Wunder zu tun und es «zu erfreuen».

An den Fenstern Wäsche, offenherzig gekleidete Frauen. Aber auch eine mit Stolz ertragene Armut, verbissen verteidigte Gefühle. Arbeiter, genauer gesagt Tischler, Schuster, Hufschmiede, Mechaniker und Mosaikleger. Und Kneipen, verräucherte und hell erleuchtete Läden, Cafés im Stil des zwanzigsten Jahrhunderts.

Die Straße. Florenz. Das Stadtviertel Santa Croce.

Auf den Stufen des Bordells in dem Gässchen namens Via Rosa sitzend, konnte der kleine Junge unschuldig seine tönernen Murmeln zählen; konnte der einfache Mann ohne Gewissensbisse an die Mauer unter dem Gedenkstein pinkeln, der

la lapide che ricordava la casa abitata da Giacomo Leopardi; la bella ragazza inorgoglirsi di abitare in via delle Pinzochere, ch'era una delle strade più pulite del nostro Quartiere.

Eravamo creature comuni. Ci bastava un gesto per sollevarci collera o amore. La nostra vita scorreva su quelle strade e piazze come nell'alveo di un fiume; la più pensata delle nostre ribellioni era quale un mulinello che ci portasse a fondo. Non per nulla le carceri della città erano nel cuore del nostro Quartiere. Avevamo imparato a fare un viluppo dei nostri affetti, intrecciati l'uno all'altro da privati rancori, da private dedizioni. Eravamo un'isola nel fiume che comunque andava, fra i carrettini del trippaio e dell'ortolano, il bugigattolo del venditore di castagnaccio, lungo via Pietrapiana. Dall'Arco di San Piero a Porta alla Croce.

Si usciva dal lavoro dopo le sei del pomeriggio; e non esisteva vera vita, società vera, calore, se non quando eravamo nelle nostre strade e piazze. A seguitare il Corso, che appunto sboccava all'Arco di San Piero, avremmo trovato la città col suo centro, i bei caffè e le orchestrine; eppure, per fare quei pochi passi, inconsciamente ogni volta, ci preparavamo a qualcosa di estraneo da affrontare. Creature innocenti, confinate per malinconia, abitudine o amore, per qualcosa di più intimo e rissoso, nel nostro Quartiere. Anche coloro che lavoravano nelle fabbriche della periferia, pedalavano veloci sui viali per raggiungere il Quartiere e godere la serata che gli apparteneva.

Lì era trascorsa l'adolescenza. I fratelli minori ripetevano i nostri gesti giocando di spiccioli e di cartine colorate, a pugni ed abbracci, i giochi che

daran erinnerte, dass Giacomo Leopardi einst in diesem Haus gewohnt hat; konnte das hübsche Mädchen sich etwas darauf einbilden, in der Via delle Pinzochere, der Betschwestern, zu wohnen – einer der saubersten Straßen unseres Viertels.

Wir waren einfache Geschöpfe. Eine Geste genügte, um Wut oder Liebe in uns aufsteigen zu lassen. Unser Leben floss auf diesen Straßen und Plätzen wie in einem Flussbett dahin; unsere durchdachteste Auflehnung war wie ein Strudel, der uns auf den Grund zog. Nicht umsonst standen die Gefängnisse der Stadt im Herzen unseres Viertels. Wir hatten gelernt, mit der Verworrenheit unserer durch gegenseitigen Groll und persönliche Hingabe miteinander verflochtenen Leidenschaften umzugehen.

Wir waren eine Insel in dem Fluss, der zwischen den Karren des Kuttelverkäufers und des Gemüsehändlers und dem fensterlosen kleinen Laden des Kastanienkuchenverkäufers unweigerlich an der Via Pietrapiana dahinströmte. Vom Arco di San Piero bis zur Porta alla Croce.

Nach sechs Uhr abends kamen wir von der Arbeit, und erst wenn wir auf unseren Straßen und Plätzen waren, stellte sich das wirkliche Leben, die wirkliche Gesellschaft, die Wärme ein. Wären wir auf dem Corso, der genau in den Arco von San Piero mündete, weitergegangen, dann wären wir ins Zentrum der Stadt gelangt, mit seinen schönen Cafés und den kleinen Musikkapellen. Trotzdem machten wir uns für die paar Schritte unbewusst jedes Mal darauf gefasst, etwas Fremdem entgegenzutreten. Unschuldige Kreaturen, die wir waren, aus Melancholie, Gewohnheit, Liebe, aus etwas eher Vertrautem oder aus Rauflust auf unser Viertel verwiesen. Auch diejenigen, die in den Fabriken am Stadtrand arbeiteten, radelten rasch durch die Alleen, um das Viertel zu erreichen und den Abend, der ihnen gehörte, zu genießen.

Dort hatten wir unsere Jugend verbracht. Die jüngeren Geschwister wiederholten unsere Gesten, indem sie mit Münzen und bunten Kärtchen spielten, sich prügelten und umarmten.

avevamo loro insegnato, inventandone di nuovi che ci parevano peggiori. Se passavamo da via del Fico o da via de' Macci, o attorno a piazza Santa Croce in attesa della ragazza, i fratelli minori ci costringevano a lasciargli le biciclette: le montavano infilando la gamba framezzo al telaio, per trovare l'altro pedale.

Le case erano buie, umide e fredde d'inverno. I tavoli dove mangiavamo avevano spacchi verticali di cui ci accorgevamo soltanto le rare volte che scrivevamo una lettera. Ma pulite ed in ordine, le nostre case, curate dalle nostre mamme che avevano i capelli grigi e uno scialle buttato sulle spalle. Nella stanza da pranzo che noi chiamavamo il *salotto,* c'era un divano, con la trina alla spalliera e i mattoni rossi di cinabrese, le fotografie incastrate ai vetri della credenza, una sveglia. Il canto delle sorelle che più a lungo potevamo udire al mattino della domenica, era una cosa allegra che ringiovaniva le stanze, coloriva di parati le mura gialline.

Facevamo poco conto della casa. Nemmeno ci accorgevamo che le lampadine economiche vi spandessero una luce che rendeva impossibile distinguere da un angolo all'altro delle stanze, né lavarci nell'acquaio era un fatto che potesse deluderci. Il nostro lettino, che aveva un crocifisso o un *santo* inchiodato da capo, con un ramoscello d'ulivo per traverso, conosceva le nostre speranze, inseguite contando le crepe del soffitto. Un cassetto del comò ci apparteneva: a cominciare da una certa età ne portavamo in tasca la chiave per serbarvi il segreto di alcune fotografie che ci erano dedicate, di una rivoltella. La casa significava i volti che le sue stanze ospitavano, e noi le volevamo bene per questo.

Sie wiederholten die Spiele, die wir ihnen beigebracht hatten, und erfanden neue, die wir noch schlimmer fanden. Wenn wir, auf unsere Mädchen wartend, durch die Via del Fico, die Via de'Macci oder um die Piazza Sante Croce herum schlenderten, drängten uns die jüngeren Brüder, ihnen unsere Fahrräder zu überlassen, wobei sie beim Aufsteigen das Bein durch den Rahmen steckten, um das andere Pedal zu erreichen.

Die Wohnungen waren dunkel, feucht und im Winter kalt. Die Tische, an denen wir aßen, hatten Längsrisse, die uns nur in den seltenen Fällen, an denen wir einen Brief schrieben, auffielen. Doch sauber und ordentlich waren unsere Wohnungen, die unsere Mütter besorgten, die graue Haare hatten und ein Tuch um die Schulter. Im Esszimmer, das wir *Salon* nannten, standen auf dem ziegelroten Steinfußboden ein Sofa mit einer Spitzendecke auf der Rückenlehne und eine Kredenz mit einem Wecker und Fotografien, die an den Scheiben steckten. Der Gesang der Schwestern, den wir sonntagmorgens länger hören konnten, war etwas Fröhliches, das die Zimmer verjüngte und die vergilbten Wände farbig tapezierte.

Die Wohnung war uns nicht so wichtig. Wir bemerkten nicht einmal, dass die schwachen Glühbirnen dort ein Licht verbreiteten, das es unmöglich machte, in den Zimmern von einer Ecke zur anderen zu sehen; der Umstand, dass wir uns am Spülbecken waschen mussten, störte uns nicht. Unser kleines Bett an dessen Kopfende ein Kruzifix oder ein Heiliger und quer dazu ein Ölzweig genagelt war, kannte unsere Hoffnungen, denen wir nachhingen, während wir die Risse an der Decke zählten. Eine Schublade der Kommode gehörte uns. Ab einem bestimmten Alter behielten wir den Schlüssel in der Tasche, um dort das Geheimnis einiger uns gewidmeter Fotos oder eines Revolvers aufzubewahren. Die Wohnung hatte die Bedeutung der Gesichter, die ihre Zimmer beherbergten, deswegen liebten wir sie.

Nulla sapevamo, non volevamo sapere forse. Ci promettevamo oneste gioie: meritare di più nel lavoro, farci capaci; e avere una ragazza, e poi un'altra magari, e infine sposarne una davvero, coricarsi con lei in un letto più grande, amarla per quanti baci sentivamo di poterle dare.

La nostra vita erano le strade e piazze del Quartiere, fiorentini di antica razza, di «antico pelo» dicevamo scherzando. Si stava agli angoli delle vie, sotto la Volta ove fu trafitto Corso Donati, e ci si stava senza alcun sospetto di tutto questo, «popolo minuto» sempre, fatto ignaro ormai, ciompi da se stessi traditi. Sulle antiche vestigia si illuminava la rosticceria il cui banco spandeva attorno odore di polpette di patate, di coniglio arrostito, di verdura fritta.

La città era al di là di questa nostra repubblica, aveva per noi un senso di archeologia e di eldorado insieme: per parteciparvi occorreva che fossimo rasati e avessimo in dosso i vestiti migliori. Dagli altri Quartieri popolari ci divideva un sentimento impreciso eppur vivo, di rivalità ed emulazione; ci riunivano per subito dividerci di nuovo, in rissa, l'Arno d'estate e le partite di calcio alla domenica, la tappa del Giro d'Italia.

Dalla soglia del caffè, ove la radio imperversava inascoltata, guardavamo le ragazze passare, parlavamo, entravamo ai biliardi, ci muovevamo verso via Rosa dopo cena, o curiosi di una motocicletta facevamo a turno, col meccanico che la guidava, un giro per i viali di Circonvallazione. Divisi in più gruppi, secondo le amicizie, le affinità, le occasioni.

Wir wussten nichts, vielleicht wollten wir nicht wissen. Wir versprachen uns ehrliche Freuden: in der Arbeit mehr zu verdienen, tüchtig zu werden; ein Mädchen zu haben, und dann vielleicht ein anderes, und zu guter Letzt wirklich eines zu heiraten, sich mit der jungen Frau in ein größeres Bett zu legen, sie mit so vielen Küssen zu lieben, wie wir ihr zu schenken vermochten.

Unser Leben waren die Straßen und Plätze des Viertels. Wir waren Florentiner vom alten Schlag, von «altem Schrot und Korn», wie wir scherzhaft sagten. Wir standen an den Straßenecken herum, unter der Volta, wo Corso Donati erstochen wurde; wir standen dort, ohne irgendeine Ahnung von all dem zu haben, immer «kleine Leute», inzwischen unwissend geworden, Dummköpfe, die sich selbst verraten hatten. Auf den Pfaden von früher stand hell erleuchtet die Rosticceria, deren Theke den Duft nach Kartoffelfrikadellen, Kaninchenbraten und frittiertem Gemüse ringsum verbreitete.

Die Stadt befand sich jenseits dieser unserer Republik. Sie bedeutete für uns Archäologie und Eldorado zugleich; um daran teilzuhaben, hätten wir rasiert sein und die besten Kleider tragen müssen. Von den anderen Arbeitervierteln trennte uns ein undeutliches und trotzdem lebendiges Gefühl von Rivalität und Wettstreit. Wir trafen uns im Sommer am Arno, sonntags bei den Fußballspielen oder bei der Etappe des Giro d'Italia, um uns gleich wieder mit einer Schlägerei zu trennen.

Vom Eingang des Cafés aus, wo das Radio unbeachtet grölte, musterten wir die vorbeigehenden Mädchen, redeten, gingen in die Billardsalons, schlenderten nach dem Abendessen zur Via Rosa oder drehten, erpicht auf eine Motorradfahrt, abwechselnd mit dem Mechaniker am Lenker eine Runde auf den Ringalleen. In mehrere Gruppen aufgeteilt, je nach Freundschaft, Neigung oder Gelegenheit.

Leonardo da Vinci: Il castagno e il fico

Vedendo il castagno l'uomo sopra il fico, il quale piegava inverso sé i sua rami e di quelli ispiccava i maturi frutti, e quali metteva nell'aperta bocca, disfacendoli e disertandoli coi duri denti; crollando i lunghi rami, e con tumultevole mormorio, disse: – O fico! quanto se' tu men di me obligato alla natura! Vedi come in me ordinò serrati i mia dolci figlioli, prima vestiti di sottile camicia, sopra la quale è posta la dura e foderata pelle; e non contentandosi di tanto beneficarmi, ch'ella ha fatto loro la forte abitazione, e sopra quella fondò acute e folte spine, a ciò che le mani dell'omo non mi possino nuocere –. Allora il fico cominciò insieme coi suoi figliuoli a ridere, e ferme le risa, disse: – Conosci l'omo essere di tale ingegno, che lui ti sappi colle pertiche e pietre e sterpi, tratti infra i tua rami, farti povero de' tua frutti, e quelli caduti, pesti co' piedi e co' sassi, in modo ch'e frutti tua eschino stracciati e storpiati fora dell'armata casa; e io sono con diligenza tocco dalle mani, e non, come te, da bastoni e da sassi.

Leonardo da Vinci: Die Kastanie und der Feigenbaum

Als die Kastanie den Menschen auf dem Feigenbaum sah, wie er dessen Zweige zu sich bog, die reifen Früchte von ihnen abpflückte, sie in seinen geöffneten Mund schob und mit seinen harten Zähnen zerbiss und zerkaute, wobei er die langen Zweige mit wildem Geraschel zerbrach, sagte sie: «Oh Feigenbaum! Wie viel weniger als ich hast du der Natur zu danken! Sieh, welchen Schutz sie meinen süßen Kindern angedeihen ließ: erst kleidete sie sie in ein feines Hemd, über das sie die harte, gefütterte Haut gelegt hat, und, noch nicht zufrieden mit so viel Wohltat, die sie mir erwiesen: indem sie ihnen ein festes Gehäuse gab, setzte sie darauf noch spitze, dichte Stacheln, sodass die Hände des Menschen mir nicht schaden können.» Da begannen der Feigenbaum und seine Kinder zu lachen, und als sie damit aufgehört hatten, sagte er: «Du weißt, dass der Mensch erfinderisch genug ist, mit Stangen, Steinen und Ästen zwischen deinen Zweigen zu stochern, um dir deine Früchte zu nehmen, und die heruntergefallenen mit Füßen und Steinen zu zermalmen, sodass deine Früchte zertrümmert und verkrüppelt aus ihrem gepanzerten Haus kommen. Ich aber werde vorsichtig mit den Händen angefasst, und nicht wie du mit Stöcken und Steinen.»

Giorgio Vasari: Monna Lisa

Prese Lionardo a fare per Francesco del Giocondo il ritratto di monna Lisa sua moglie; e quattro anni penatovi, lo lasciò imperfetto; la quale opera oggi è appresso il re Francesco di Francia in Fontanableo: nella qual testa chi voleva vedere quanto l'arte potesse imitar la natura, agevolmente si poteva comprendere; perché quivi erano contraffatte tutte le minuzie che si possono con sottigliezza dipingere. Avvengaché gli occhi avevano que' lustri e quelle acquitrine che di continuo si veggono nel viso, ed intorno a essi erano tutti que' rossigni lividi e i peli, che non senza grandissima sottigliezza si possono fare. Le ciglia, per avervi fatto il modo del nascere i peli nella carne, dove più folti e dove più radi, e girare secondo i pori della carne, non potevano essere più naturali. Il naso, con tutte quelle belle aperture rossette e tenere, si vedeva esser vivo. La bocca, con quella sua sfenditura, con le sue fini unite dal rosso della bocca, con l'incarnazione del viso, che non colori ma carne pareva veramente. Nella fontanella della gola chi intensissimamente la guardava, vedeva battere i polsi, e nel vero si può dire che questa fussi dipinta d'una maniera da far tremare e temere ogni gagliardo artefice, e sia qual si vuole. Usovvi ancora questa arte: che essendo madonna Lisa bellissima, teneva, mentre che la ritraeva, chi sonasse o cantasse, e di continuo buffoni che la facessino stare allegra, per levar via quel malinconico che suol dar spesso la pittura a' ritratti che si fanno: ed in questo di Lionardo vi era un ghigno tanto piacevole, che era cosa più divina che umana a vederlo, ed era tenuta cosa maravigliosa, per non essere il vivo altrimenti.

Giorgio Vasari: Mona Lisa

Leonardo machte sich für Francesco del Giocondo an das Bildnis von dessen Frau Mona Lisa. Nachdem er sich vier Jahre lang bemüht hatte, ließ er es unvollendet. Das Werk befindet sich heute bei König Franz von Frankreich in Fontainebleau. Wer an diesem Kopf sehen wollte, wie weit die Kunst Natur nachahmen kann, konnte es leicht erkennen, denn alle Einzelheiten daran waren ganz fein dargestellt. Die Augen hatten dieses Licht und diesen feuchten Glanz, den man ständig in dem Gesicht sieht, umrandet von diesem bläulichen Rot und den Haaren, die nur mit äußerster Feinheit zu malen sind. Die Augenbrauen konnten nicht naturgetreuer sein, aufgrund der Art, wie die Härchen aus der Haut wuchsen, mal dichter, mal spärlicher, und sich je nach den Poren der Haut drehten. Die Nase mit den schönen zarten rosafarbenen Öffnungen sah aus wie echt. Der Mund, dessen geschlossene Winkel durch das Rot der Lippen sich mit der Farbe des Gesichts vereinen, schien nicht wie aus Farben, sondern wie aus echtem Fleisch und Blut. Wer das Grübchen am Hals ganz genau betrachtete, sah den Puls schlagen. Man kann wirklich sagen, dass es in einer Weise gemalt war, die jeden tapferen Künstler zittern und fürchten lassen musste, wer immer es auch sei. Auch wandte er folgende List an: Obwohl Madonna Lisa wunderschön war, hatte er, während er sie malte, immer jemanden, der musizierte oder sang, sowie ständig Narren, die sie bei Laune hielten, um die gewisse Wehmut zu beseitigen, die die Malerei den Bildnissen so oft verleiht. Und in diesem von Leonardo war das Lächeln so anmutig, eher göttlich als menschlich, und wurde als so wunderschön angesehen, dass das echte Lächeln nicht anders sein konnte.

Bruno Cicognani: Inverno a Firenze

Da quando ho memoria io, forse in nessun'altra città il freddo è sofferto come in Firenze. Quello che eran le case, quello che in massima parte ancora sono le antiche case, e non solamente del popolo, le antiche case della borghesia anche agiata, d'inverno, in Firenze! Gli affissi che lascian passare la sizza, i pavimenti nudi a mattonelle e mattoni, una o due stufe per tutto un quartiere, incassate nel muro, che divoran cataste di legna e rivomitan fumo. Tanto di guadagnato a tenerle spente. E per la casa gli uomini coi «paltò» usati, gli scialli sulle ginocchia, le donne coi giubbini smessi, tutte rinfagottate, i bambini coi piedi e le mani scoppiate per via dei geloni. Caldani e scaldini a aumentar l'inerzia. Muoversi da una stanza all'altra: un atto presso che eroico. In certi salotti, i «salotti buoni», a entrarci, sentirsi gelare la cute sotto i capelli, doversi col fiato scaldare la punta delle dita, e l'alito, veder l'alito come un vapore quasi rapprendersi visibilmente. E a toccare gli oggetti, l'impressione di lasciarci la pelle attaccata. Nel colmo degli stridori l'acqua gelata nelle cannelle e fin nelle brocche di camera.

In casa nostra, finché è vissuto mio padre, non ho ricordanza d'aver veduto una stufa accesa. Egli portava per casa una veste ovattata di stoffa a fiorami che gli aumentava la maestosità del personale aitante e del portamento. Era proibito mostrar d'aver freddo o per lo meno dolersene. Tonico, ricostituente, indispensabile all'economia dell'organismo, provvidenziale, nell'inverno, il

Bruno Cicognani: Winter in Florenz

Soweit ich mich erinnern kann, habe ich wohl in keiner anderen Stadt so unter der Kälte gelitten wie in Florenz. Diese Häuser damals, die zum größten Teil noch immer die alten Häuser sind, und zwar nicht nur die der einfachen Leute, sondern selbst die alten Häuser wohlhabender Bürger, diese Häuser, im Winter in Florenz! Die Tür- und Fensterrahmen, die den eisigen Wind durchlassen, die nackten Fliesen- und Ziegelböden, ein oder zwei eingemauerte Öfen für die ganze Wohnung, die stapelweise Holz verschlingen und als Rauch wieder ausspucken. Es geht einem besser, wenn man gar nicht erst einheizt. Und dann in der Wohnung die Männer mit den abgenutzten Wintermänteln, den Schals über den Knien, die Frauen mit den abgetragenen Jäckchen, alle eingemummt, die Kinder mit aufgeplatzten Händen und Füßen wegen der Frostbeulen. Wärmepfannen und Handwärmer, die die Untätigkeit fördern. Sich von einem Zimmer ins andere zu begeben ist geradezu eine heldenhafte Unternehmung. In bestimmte Zimmer, die «guten Stuben» zu gehen, bedeutet, die Haut unter den Haaren gefrieren zu spüren, sich die Fingerspitzen durch Pusten anwärmen zu müssen und den Atem, ja, den Atem wie fast erstarrenden Dampf zu sehen. Und wenn man Gegenstände berührt, hat man das Gefühl, die Haut bleibe daran kleben. Höhepunkt der klirrenden Kälte ist das in den Rohren und sogar in den Wasserkannen der Zimmer gefrorene Wasser.

Solange mein Vater lebte, kann ich mich nicht erinnern, in unserem Haus einen geheizten Ofen gesehen zu haben. Vater trug zu Hause ein wattiertes Gewand mit Blumenmuster, das die Erhabenheit seiner Rüstigkeit und Haltung unterstrich. Es war verboten, zu zeigen, dass man fror, oder zumindest, darüber zu klagen. Belebend, stärkend, unerlässlich und günstig für den Haushalt des Organismus: die Kälte im Winter

freddo. Rientrava nel suo modo d'intendere e di praticare la vita – seguir la natura fin là dove superarla è còmpito proprio dell'uomo – accettare il portato d'ogni stagione. È vero anche però che egli, costituito perfettamente, cominciava a sentirsi compiutamente a suo agio, d'inverno, a zero; d'estate, oltre i trenta gradi. Il mio fratello maggiore, temperato al collegio militare, aveva acquistato, diceva lui, l'insensibilità a forza di portarsi via i geloni assieme ai calzini. La mia sorella maggiore, fuoco lavorato, non dava tempo al freddo di farsi sentire.

Chi lo pativa invece, e in una maniera indicibile, era mia madre. Povera mamma mia! Con la sua berrettina bianca, la veste scozzese, lo scialllino nero, i mezzi guanti di lana e le dita incotte, coi tagli nel vivo, gli spacchi irrimarginabili se non da futuri tepori primaverili e intanto aperte bocche dolenti! ... Ella, mattiniera, s'alzava al lume della lucerna, e allorché veniva a destarmi, già da gran tempo era in faccende: l'infreddolimento però aveva potuto più assai che il moto, e il patir delle mani le dava, digiuna, allo stomaco. Veniva a destarmi e posata la lucernina sul comodino, «Ti faccio freddo?», insinuava le care sue dolorose mani sotto il mio fianco caldo. E io non ho conosciuto mai piacere maggiore che sentire quelle sue fredde dita irrigidite, adagio adagio, al caldo del mio corpo, perdere il gelo e diventare più molli, ritornar carne, dolce carne amorosa. Ella, in quello stato ineffabile di quando un dolore fisico acuto adagio adagio si calma e subentra una sottile voluttà commovente, ella, a cui pur il soffrire era accetto come una legge d'amore, sentiva, umana, quella beatitudine. E l'effetto

war ein Segen! Es gehörte zu Vaters Art, das Leben zu verstehen und zu führen, das heißt der Natur zu folgen (bis zu dem Punkt, wo es eben Aufgabe des Menschen ist, sie zu überwinden), also die Begleiterscheinungen jeder Jahreszeit anzunehmen. Es stimmt allerdings auch, dass er, bei seiner unübertrefflichen Konstitution, im Winter erst bei Null Grad anfing sich richtig wohl zu fühlen, im Sommer dagegen bei über dreißig Grad. Mein älterer, auf der Militärschule gestählter Bruder hatte sich abgehärtet, wie er sagte, indem er die Frostbeulen zusammen mit den Socken abstreifte. Meine ältere Schwester, die vor Lebendigkeit sprühte, ließ der Kälte keine Zeit, sie zu spüren.

Wer hingegen unter ihr litt, und zwar auf unsagbare Weise, war meine Mutter. Meine arme Mama! Mit ihrem weißen Mützchen, dem Schottengewand, dem kleinen schwarzen Schal, den fingerlosen Wollhandschuhen und den vom Frost verbrannten Fingern, mit den Schnitten in der Haut, den Rissen, die erst im kommenden lauen Frühlingslüftchen heilen würden, jetzt aber nur schmerzende offene Münder waren! … Als Frühaufsteherin begann sie den Tag noch beim Schein der Öllampe; wenn sie mich wecken kam, war sie schon lange Zeit auf den Beinen. Das Frieren war aber stärker als die Bewegung, und die Schmerzen an den Händen schlugen ihr, nüchtern wie sie war, auf den Magen. Sie kam mich wecken und stellte das Öllämpchen auf den Nachttisch. «Soll ich dich abkühlen?», fragte sie und steckte ihre lieben schmerzenden Hände unter meine warme Seite. Nie habe ich eine größere Freude gekannt, als wenn ich spürte, wie ihre kalten steifen Finger ganz langsam in der Wärme meines Körpers das Eisige verloren und weicher wurden, wieder Fleisch wurden, süßes, liebevolles Fleisch. In diesem unbeschreiblichen Zustand, wenn ein starker physischer Schmerz ganz langsam nachlässt und eine hauchzart rührende Wonne eintritt, fühlte sie, die auch das Leiden wie ein Gebot der Liebe angenommen hatte, diese menschliche Seligkeit. Die

era che le traboccava dal cuore la grazia di cui il suo cuore era pieno.

Cosi, con le mani a intepidirsi sotto il mio fianco, mia madre mi ha detto le cose più dolci, più care, più auguste che io abbia mai udito da labbro umano: da lei, così conobbi, fanciullo, le verità più riposte e profonde: seppi che cosa vuol dire accettare e perché bisogna soffrire, imparai ad amare Gesù galileo.

Alla fine, ella, virilmente, ritirava le mani e riaffrontava, aprendo le finestre della camera, il morso del freddo, andandosene poi rinvigorita a continuar per la casa, lei, le faccende più umili. Io mi buttavo dal letto, eroico, e in una sfida deliberata, in camiciolina, mi lavavo con l'acqua che alla faccia pareva vetriolo; e appena vestito scendevo, a capo scoperto, in giardino a governar Bigio, il coniglio, il solo coniglio, da che mondo è mondo, che si sia avventato a morder la gente: ho ancora in uno stinco la cicatrice d'un morso, suppurato, dei suoi dentini a lèsina.

Modi di dire

MI VA A FAGIOLO *Come ben noto i Fiorentini mangiano volentieri i fagioli. Ecco la presa in giro del resto dei Toscani verso i Fiorentini:*

Fiorentin mangia fagioli
Lecca piatti e romaioli
E per farla più pulita
Poi si lecca anche le dita

Folge war, dass aus ihrem Herzen alle Liebe quoll, die ihr Herz erfüllte.

So hat mir meine Mutter, mit ihren Händen zum Wärmen unter meiner Seite, die süßesten, teuersten, erhabensten Dinge gesagt, die ich je von menschlichen Lippen gehört habe. Durch sie und auf diese Weise lernte ich als Kind die verborgensten und tiefsten Wahrheiten kennen und erfuhr, was es heißt, etwas anzunehmen, und warum man etwas aushalten muss, und lernte Jesus von Galiläa lieben.

Schließlich zog sie mannhaft ihre Hände wieder zurück und stellte sich, indem sie die Fenster des Zimmers öffnete, der beißenden Kälte. Gestärkt machte sie sich wieder an die Hausarbeiten, die allerniedrigsten. Ich sprang heldenhaft aus dem Bett, wusch mich in entschlossener Herausforderung im Hemdchen, und zwar mit Wasser, das auf dem Gesicht wie Schwefelsäure wirkte. Kaum angezogen, ging ich ohne Kopfbedeckung hinaus in den Garten, um Bigio, das Kaninchen, zu versorgen, das einzige Kaninchen, das seit die Welt Welt ist, sich auf die Leute stürzt und sie beißt. Ich habe jetzt noch an einem Schienbein die Narbe von einem eitrig gewordenen Biss mit seinen wie eine Ahle scharfen Zähnchen.

Redensarten

DAS BEHAGT MIR *Es ist bekannt, dass die Florentiner große Liebhaber von Bohnengerichten sind. Darum nehmen die übrigen Toskaner die Florentiner auf den Arm:*

Bohnen frisst der Florentiner.
Teller, Töpfe leckt er aus.
Um es ordentlich zu machen,
Leckt er noch die Finger ab.

Benvenuto Cellini: Discendere da uomini virtuosi

Io son chiamato Benvenuto Cellini, figliuolo di maestro Giovanni d'Andrea di Cristofano Cellini; mia madre monna Elisabetta di Stefano Granacci, e l'uno e l'altra cittadini fiorentini.

Troviamo scritto innelle croniche fatte da i nostri fiorentini molto antichi e uomini di fede, secondo che scrive Giovanni Villani, si come si vede la città di Fiorenze fatta a imitazione della bella città di Roma, e si vede alcuni vestigi del Collosseo e delle Terme. Queste cose sono presso a Santa Crocie; il Campitoglio era dove è oggi il Mercato Vechio; la Rotonda è tutta in piè, che fu fatta per il tempio di Marte; oggi è per il nostro San Giovanni. Che questo fussi cosi, benissimo si vede e non si può negare; ma sono ditte fabbriche molto minore di quelle di Roma.

Quello che le fece fare dicono essere stato Iulio Cesare con alcuni gentili uomini romani che, vinto e preso Fiesole, in questo luogo edificorno una città, e ciascuni di loro prese a fare uno di questi notabili edifizii.

Aveva Iulio Cesare un suo primo e valoroso capitano, il quali si domandava Fiorino da Cellino, che è un castello il quali è presso a Monte Fiasconi a dua miglia. Avendo questo Fiorino fatti i sua alloggiamenti sotto Fiesole, dove è ora Fiorenze, per esser vicino al fiume d'Arno per comodità dello esercito, tutti quelli soldati e altri, che avevano a fare del ditto capitano, dicievano: «Andiamo a Fiorenze», si perché il ditto capitano aveva nome Fiorino, e perché innel luogo che lui aveva li ditti sua alloggiamenti, per natura del luogo era abbuntantissima quantità di fiori.

Cosi innel dar principio alla città, parendo a Iulio Cesare questo, bellissimo nome e posto a caso, e perché i

Benvenuto Cellini: Von trefflichen Männern abstammen (deutsch von Johann Wolfgang Goethe)

Ich heiße Benvenuto Cellini, meinen Vater nannte man Meister Johann, meinen Großvater Andreas, meinen Urgroßvater Christoph Cellini. Meine Mutter war Madonna Elisabetha, Stephan Granaccis Tochter. Ich stamme also väterlicher- und mütterlicherseits von florentinischen Bürgern ab.

Man findet in den Chroniken unserer alten glaubwürdigen Florentiner, dass Florenz nach dem Muster der schönen Stadt Rom gebaut gewesen. Davon zeugen die Überbleibsel eines Koliseum und öffentlicher Bäder, welche letzte sich zunächst beim heiligen Kreuz befinden. Der alte Markt war ehemals das Kapitol. Die Rotonde steht noch ganz; sie ward als Tempel des Mars erbaut und ist jetzt unserem heiligen Johannes gewidmet. Man schenkt also gern jener Meinung Glauben, obgleich diese Gebäude viel kleiner als die römischen sind.

Julius Cäsar und einige römische Edelleute sollen, nach Eroberung von Fiesole, eine Stadt in der Nähe des Arno gebaut und jeder über sich genommen haben, eines der ansehnlichen Gebäude zu errichten.

Unter den ersten und tapfersten Hauptleuten befand sich Florin von Cellino, der seinen Namen von einem Kastell herschrieb, das zwei Miglien von Monte Fiascone entfernt ist. Dieser hatte sein Lager unter Fiesole geschlagen, an dem Orte, wo gegenwärtig Florenz liegt; denn der Platz nahe an dem Flusse war dem Heere sehr bequem. Nun sagten Soldaten und andere, die mit dem Hauptmann zu tun hatten: Lasset uns nach Florenz gehen! teils weil er den Namen Florino führte, teils weil der Ort seines Lagers von Natur die größte Menge von Blumen hervorbrachte.

Daher gefiel auch dieser schöne Name Julius Cäsarn, als er die Stadt gründete. Eine Benennung von Blumen abzuleiten, schien eine gute Vorbedeutung, und auf diese Weise wurde

fiori apportano buono aurio, questo nome di Fiorenze pose nome alla ditta città; e ancora per fare un tal favore al suo valoroso capitano, e tanto meglio gli voleva, per averlo tratto di luogo molto umile, e per essere un tal virtuoso fatto da lui.

Quel nome che dicono questi dotti immaginatori e investigatori di tal dipendenzie di nomi, dicono per essere fluente a l'Arno; questo non pare che possi stare perché Roma è fluente al Tevero, Ferrara è fluente al Po, Lione è fluente alla Sonna, Parigi è fluente alla Senna; però hanno nomi diversi e venuti per altra via. Noi troviamo cosi, e cosi crediamo dipendere da uomo virtuoso.

Di poi troviamo essere de' nostri Cellini in Ravenna, più antica città di Italia, e quivi è gran gentili uomini; ancora n'è in Pisa, e ne ho trovati in molti luoghi di Cristianità; e in questo Stato ancora n'è restato qualche casata, pur dediti all'arme: ché non sono molti anni da oggi che un giovane chiamato Luca Cellini, giovane senza barba, conbatté con uno soldato pratico e valentissimo uomo, che altre volte aveva conbattuto in isteccato, chiamato Francesco da Vicorati. Questo Luca per propria virtú con l'arme in mano lo vinse e amazzò con tanto valore e virtú che fe' maravigliare il mondo, che aspettava tutto il contrario: in modo che io mi glorio d'avere lo ascendente mio da uomini virtuosi.

Ora quanto io m'abbia acquistato qualche onore alla casa mia, li quali a questo nostro vivere di oggi per le cause che si sanno, e per l'arte mia, quali non è materia da gran cose, al suo luogo io le dirò; gloriandomi molto più essendo nato umile e aver dato qualche onorato prencipio alla casa mia, che se io fussi nato di gran ligniaggio e colle mendacie qualità io l'avessi machiata o stinta.

sie Florenz genannt. Wobei der Feldherr zugleich seinen tapferen Hauptmann begünstigte, dem er umso mehr geneigt war, als er ihn von geringem Stande heraufgehoben und selbst einen so trefflichen Mann aus ihm gebildet hatte.

Wenn aber die gelehrten Untersucher und Entdecker solcher Namensverwandtschaften behaupten wollen, die Stadt habe zuerst Fluenz geheißen, weil sie am Flusse Arno liege, so kann man einer solchen Meinung nicht beitreten; denn bei Rom fließt der Tiber, bei Ferrara der Po, bei Lyon die Rhone, bei Paris die Seine vorbei, und alle diese Städte sind aus verschiedenen Ursachen verschieden benannt. Daher finden wir eine größere Wahrscheinlichkeit, dass unsere Stadt ihren Namen von jenem tugendsamen Manne herschreibe.

Weiter finden wir unsere Cellinis auch in Ravenna, einer Stadt, die viel älter als Florenz ist, und zwar sind es dort vornehme Edelleute. Gleichfalls gibt es ihrer in Pisa, und ich habe denselben Namen in vielen Städten der Christenheit gefunden; auch in unserem Land sind noch einige Häuser übrig geblieben. Meistens waren diese Männer den Waffen ergeben, und noch ist es nicht lange, dass ein unbärtiger Jüngling namens Lukas Cellini einen geübten und tapferen Soldaten bekämpfte, der schon mehrmals in den Schranken gefochten hatte und Franziskus von Vicorati hieß. Diesen überwand Lukas durch eigene Tapferkeit und brachte ihn um. Sein Mut setzte die ganze Welt in Erstaunen, da man gerade das Gegenteil erwartete. Und so darf ich mich wohl rühmen, dass ich von braven Männern abstamme.

Auf welche Weise nun auch ich meinem Hause durch meine Kunst einige Ehre verschafft habe, das freilich nach unserer heutigen Denkart und aus mancherlei Ursachen nicht gar zu viel bedeuten will, werde ich an seinem Ort erzählen. Ja, ich glaube, dass es rühmlicher ist, in geringem Zustande geboren zu sein und eine Familie ehrenvoll zu gründen, als einem hohen Stamm durch schlechte Aufführung Schande zu machen.

Fruttero & Lucentini: Il sorriso degli Etruschi

La sua civiltà prevalentemente sotterranea offre alla nostra, tutta scorrevolmente di superficie, un larghissimo ventaglio di occasioni turistiche. Nel raggio di qualche decina di chilometri si trova sempre un'attrattiva etrusca con cui far passare un pomeriggio vuoto e sciroccoso: una miniera, una necropolina, una raccolta di vasi, qualche conturbante affresco erotico, una cinta muraria, una vetrina gremita di figurine votive.

«Certo però che ci pensavano un po' tanto, alla morte.»

«Non è vero. Tutte le teste etrusche sorridono. Mai visto un etrusco con l'aria preoccupata.»

«Ma che avevano da sorridere?»

«È questo il mistero etrusco. Ti ricordi quegli sposi del sarcofago di Cerveteri? Diresti mai che sono morti?»

«No, in effetti. Sereni, tranquilli, sdraiati comodi sulla spiaggia, in vacanza come noi.»

«Vedi? Per loro, morire doveva essere come un bel viaggio. L'idea gli [sic] piaceva.»

«La morte come unica vera vacanza?»

«Perché, tu non sei d'accordo?»

«Senti, prova a farmi un sorriso, okay?»

«Così?»

«No, quello è un ghigno.»

«Così, allora?»

«Ma vai via, Dracula!»

Fruttero & Lucentini: Das Lächeln der Etrusker
(deutsch von Burkhart Kroeber)

Ihre vorwiegend unterirdische Kultur bietet der unseren, die nur aus glatter Oberfläche besteht, eine breite Skala touristischer Attraktionen. Im Umkreis von einigen zig Kilometern findet man immer irgendeine etruskische Schönheit, mit der man einen leeren und schirokkösen Nachmittag verbringen kann: eine Mine, eine kleine Nekropole, eine Vasensammlung, ein paar aufregende erotische Fresken, eine Umfassungsmauer, eine Vitrine voller Votivfiguren.

«Bestimmt haben sie aber ziemlich viel an den Tod gedacht.»

«Das ist nicht wahr. Alle etruskischen Köpfe lächeln. Hast du je einen Etrusker mit besorgter Miene gesehen?»

«Was hatten sie denn so viel zu lächeln?»

«Das eben ist ihr Geheimnis, das wahre Geheimnis der Etrusker. Erinnerst du dich an das steinerne Ehepaar auf dem Sarkophag in Cerveteri? Hättest du je gesagt, dass sie Tote sein sollen?»

«Nein, du hast recht. Sie wirkten heiter, gelassen, gemütlich am Strand ausgestreckt, wie wir in den Ferien.»

«Siehst du? Für sie musste Sterben so etwas wie eine schöne Reise sein. Der Gedanke ans Sterben gefiel ihnen [sic].»

«Der Tod als die einzigen wirklichen Ferien?»

«Wieso, siehst du das nicht so?»

«Hör zu, versuch doch mal, mir ein Lächeln zu schenken, okay?»

«So?»

«Nein, das ist ein Grinsen.»

«Dann so?»

«Heb dich hinweg, Dracula!»

Niccolò Machiavelli:
In che modo e' principi abbino a mantenere la fede

Quanto sia laudabile in uno principe mantenere la fede e vivere con integrità e non con astuzia, ciascuno lo intende: nondimanco si vede per esperienza ne'nostri tempi quelli principi avere fatto gran cose, che della fede hanno tenuto poco conto, e che hanno saputo con l'astuzia aggirare e' cervelli degli uomini; e alla fine hanno superato quelli che si sono fondati in sulla lealtà.

Dovete adunque sapere come sono dua generazioni di combattere: l'uno con le leggi, l'altro con la forza: quel primo è proprio dello uomo, quel secondo è delle bestie; ma perché el primo molte volte non basta, conviene ricorrere al secondo. Pertanto a uno principe è necessario sapere bene usare la bestia e l'uomo. Questa parte è suta insegnata a' principi copertamente dagli antichi scrittori; li quali scrivono come Achille e molti altri di quelli principi antichi furono dati a nutrire a Chirone centauro, che sotto la sua disciplina li custodissi. Il che non vuole dire altro, avere per precettore uno mezzo bestia e mezzo uomo, se non che bisogna a uno principe sapere usare l'una e l'altra natura; e l'una sanza l'altra non è durabile.

Sendo dunque uno principe necessario sapere bene usare la bestia, debbe di quelle pigliare la golpe e il lione; perché il lione non si defende da' lacci, la golpe non si defende da'lupi. Bisogna adunque essere golpe a conoscere e' lacci, e lione a sbigottire e' lupi. Coloro che stanno semplicemente in sul lione, non se ne intendano. Non può pertanto uno signore prudente né debbe osservare la fede, quando tale osservanzia li torni contro e che sono spente le cagioni che la feciono promettere.

E se gli uomini fussino tutti buoni, questo precetto non sarebbe buono; ma perché sono tristi, e non la os-

Niccolò Machiavelli:
Inwieweit Fürsten zu ihrem Wort stehen sollen

Wie löblich es sei, wenn ein Fürst zu seinem Wort steht und rechtschaffen und ohne List vorgeht, versteht jeder. Trotzdem lehrt uns heutzutage die Erfahrung, dass die Fürsten, die wenig von Treu und Glauben halten, sondern mit List den Verstand der Menschen zu täuschen wussten, Großes geleistet und am Ende diejenigen, die redlich handelten, übertroffen haben.

Dazu muss man wissen, dass es zweierlei Arten zu kämpfen gibt: die eine mit den Gesetzen, die andere mit der Macht. Die erste gehört zum Menschen, die zweite zum Tier. Doch da die erste oft genug nicht ausreicht, ist es ratsam, auf die zweite zurückzugreifen. Deswegen ist es für einen Fürsten notwendig, ebensowohl als Tier wie als Mensch auftreten zu können. Diese Lehre wurde den Fürsten durch die Schriftsteller der Antike versteckt vermittelt, die darüber schreiben, wie Achill und viele andere dieser antiken Fürsten dem Kentauren Chiron in Pflege gegeben wurden, unter dessen Aufsicht sie aufwuchsen. Das bedeutet nichts anderes, als dass sie einen Lehrer hatten, der halb Tier halb Mensch war. Demnach soll ein Fürst lernen, das eine wie das andere Wesen einzusetzen; das eine kann ohne das andere nicht bestehen.

Da ein Fürst also imstande sein muss, das Tier richtig einzusetzen, sollte er von allen Tieren den Fuchs und den Löwen wählen, denn der Löwe entgeht den Schlingen nicht, der Fuchs nicht den Wölfen. Man muss also Fuchs sein, um die Schlingen zu kennen, und Löwe, um die Wölfe zu erschrecken. Die sich nur auf die Kraft des Löwen verlassen, verstehen es nicht recht. Ein besonnener Herrscher darf immer dann nicht Wort halten, wenn es zu seinem Schaden gereicht und wenn die Gründe seines Versprechens nichtig geworden sind.

Wären alle Menschen gut, dann wäre dieser Rat nicht gut. Da sie aber nichts taugen und dir gegenüber ihr Wort nicht

serverebbero a te, tu etiam non l'hai ad osservare a loro. Nè mai a uno principe mancorno cagioni legittime di colorire la inosservanzia. Di questo se ne potrebbe dare infiniti esempli moderni, e mostrare quante paci, quante promesse sono state fatte irrite e vane per la infidelità de' principi: e quello che ha saputo meglio usare la golpe, è meglio capitato. Ma è necessario questa natura saperla bene colorire, ed essere gran simulatore e dissimulatore: e sono tanto semplici gli uomini, e tanto obediscano alle necessità presenti, che colui che inganna troverrà sempre chi si lascerà ingannare.

Io non voglio, degli esempli freschi, tacerne uno. Alessandro VI non fece mai altro, e non pensò mai ad altro che a ingannare uomini, e sempre trovò subietto da poterlo fare. E non fu mai uomo che avessi maggiore efficacia in asseverare, e con maggiori giuramenti affermassi una cosa, che la osservassi meno; nondimeno sempre li succederono gli inganni ad votum, perché conosceva bene questa parte del mondo.

A uno principe, adunque, non è necessario avere in fatto tutte le soprascritte qualità, ma è bene necessario parere di averle. Anzi ardirò di dire questo, che, avendole e osservandole sempre, sono dannose; e parendo di averle, sono utili; come parere pietoso, fedele, umano, intero, religioso, ed essere; ma stare in modo edificato con l'animo che, bisognando non essere, tu possa e sappi mutare el contrario. E hassi ad intendere questo, che uno principe, e massime uno principe nuovo, non può osservare tutte quelle cose per le quali gli uomini sono tenuti buoni, sendo spesso necessitato, per mantenere lo stato, operare contro alla fede, contro alla carità, contro alla umanità, contro alla religione. E però bisogna che egli abbia uno

halten, brauchst auch du ihnen gegenüber dein Wort nicht zu halten. Es hat einem Fürsten nie an rechtmäßigen Gründen gefehlt, den Wortbruch zu bemänteln. Man könnte dafür unendlich viele moderne Beispiele anführen und zeigen, wie viele Friedensschlüsse, wie viele Versprechungen aufgrund der Untreue der Fürsten umsonst und vergeblich waren. Wer besser den Fuchs einzusetzen wusste, hatte mehr Erfolg. Dieses Wesen muss man aber geschickt tarnen können, das heißt: man muss ein großer Meister der Verstellung und Heuchelei sein. Die Menschen sind so einfältig und richten sich so sehr nach den gegenwärtigen Bedürfnissen, dass derjenige, der täuscht, immer jemanden finden wird, der sich täuschen lässt.

Von den neueren Beispielen möchte ich eines nicht verschweigen. Alexander VI. tat und dachte nie an etwas anderes, als die Menschen zu täuschen, und fand auch immer ein Opfer, bei dem er es machen konnte. Nie hat ein Mensch eine größere Fähigkeit besessen, etwas zu beteuern und mit großen Schwüren zu versichern, um es dann umso weniger zu halten. Trotzdem gelangen ihm seine Betrügereien nach Wunsch, da er diese Seite der Welt gut kannte.

Ein Fürst braucht also all die oben beschriebenen Tugenden nicht tatsächlich zu besitzen, sondern er muss nur den Anschein erwecken, sie zu haben. Ja, ich wage zu sagen, dass es von Schaden ist, sie zu besitzen und immer nach ihnen zu handeln; andererseits ist es von Nutzen, den Anschein zu erwecken, sie zu haben, also barmherzig, treu, menschlich, ehrbar und gottesfürchtig zu sein. Man muss nur in seiner Seele so geartet sein, dass man sich, wenn nötig, zum Gegenteil wandeln kann. Und man muss verstehen, dass ein Fürst, insbesondere ein neuer Fürst, nicht alles befolgen kann, was bei Menschen als gut gilt, da sich für den Erhalt des Staates oft die Notwendigkeit ergibt, gegen Treu und Glauben, gegen Barmherzigkeit, gegen Menschlichkeit, gegen die Religion zu handeln. Er muss einen Charakter haben, der, je nach den

animo disposto a volgersi secondo ch'e' venti della fortuna e le variazioni delle cose li comandano, e, come di sopra dissi, non partirsi dal bene, potendo, ma sapere intrare nel male, necessitato.

Debbe adunque avere uno principe gran cura che non gli esca mai di bocca una cosa che non sia piena delle soprascritte cinque qualità; e paia, a vederlo e udirlo, tutto pietate, tutto fede, tutto integrità, tutto umanità, tutto religione. E non è cosa più necessaria a parere di avere che questa ultima qualità. E gli uomini, in universali, iudicano più agli occhi che alle mani; perché tocca a vedere a ognuno, a sentire a pochi. Ognuno vede quello che tu pari, pochi sentono quello che tu se'; e quelli pochi non ardiscono opporsi alla opinione di molti che abbino la maestà dello stato che li difenda; e nelle azioni di tutti gli uomini, e massime de' principi, dove non è iudizio a chi reclamare, si guarda al fine.

Facci dunque uno principe di vincere e mantenere lo stato: e' mezzi saranno sempre iudicati onorevoli e da ciascuno laudati; perché il vulgo ne va sempre preso con quello che pare e con lo evento della cosa; e nel mondo non è se non vulgo; e li pochi non ci hanno luogo, quando li assai hanno dove appoggiarsi.

Alcuno principe de' presenti tempi, quale non è bene nominare, non predica mai altro che pace e fede, e dell'una e dell'altra è inimicissimo; e l'una e l'altra, quando e' l'avessi osservata, gli arebbe più volte tolto o la reputazione o lo stato.

Winden des Glücks und der Wechselfälle, bereit ist, sich zu drehen, und der, wie bereits erwähnt, zwar möglichst nicht vom Guten abgehen, sich aber andererseits wenn nötig nicht scheuen soll, das Böse zu tun.

Ein Fürst muss also immer darauf bedacht sein, nie etwas zu sagen, das nicht vollständig den oben genannten fünf Eigenschaften entspricht. Wenn man ihn sieht und hört, muss er immer ganz Mitleid, Treue, Rechtschaffenheit, Menschlichkeit und Religion sein. Nichts ist wichtiger als der Anschein, diese letzte Eigenschaft zu besitzen. Die Menschen urteilen im Allgemeinen mehr nach dem Augenschein als nach dem Wesen; jeder kann zwar sehen, aber fühlen können wenige. Jeder sieht, was du zu sein scheinst, wenige fühlen, was du bist. Und diese wenigen wagen es nicht, sich der Meinung der vielen zu widersetzen, hinter denen die Majestät des Staates steht. Bei den Handlungen aller Menschen, besonders denen der Fürsten, blickt man, sofern es kein Gericht gibt, an das man sich wenden kann, auf das Ergebnis.

Ein Fürst sei also bestrebt, den Staat zu beherrschen und aufrechtzuerhalten. Die Mittel dazu werden immer als lobenswert angesehen und von jedem gepriesen werden, denn für den Pöbel zählt immer der Anschein und das Ergebnis einer Sache, und die Welt besteht aus nichts als Pöbel. Die Wenigen haben nichts zu melden, wenn die Vielen sich an etwas anlehnen können.

Ein Fürst unserer Zeit, den man besser nicht nennt, predigt immer nur Frieden und Treue, doch mit nichts steht er mehr auf Kriegsfuß als mit dem einen wie dem anderen. Hätte er sich an das eine wie an das andere gehalten, dann hätte ihn das schon des Öfteren Ruf oder Staat gekostet.

Anche lui è morto! Sotto quell'aspetto mite e sereno, sotto quel sorriso che, tra gli amici, gli brillava fisso nei piccoli occhi azzurri, tutti credevano ad un'anima lieta e spensierata; nessuno, tranne io, ad un carattere pensoso e forte.

A dodici anni lasciò, per gli studi, la casa paterna e, solo, lontano da'suoi, in quell'età nella quale, pur vagheggiando lo spazio, sentiamo sempre il bisogno d'esser covati dalla mamma come rondinotti prima di fidarsi al volo, dovette avventurarsi nel turbine della vita a farvi da uomo quasi innanzi d'esser ragazzo.

– Ma fu la mia salute e vinsi – mi diceva spesso con orgoglio – vinsi, perché armato, fino dall'infanzia, di quell'educazione larga ma onesta, qualche volta romantica ma sempre vigorosa che i nostri vecchi liberali davano ai loro figli allevando uomini forti d'animo e di braccio ...

– O senti – mi diceva una notte mentre lo vegliavo ammalato – senti un saggio originale del metodo, una scenetta di famiglia che dopo tanti anni ho sempre fresca qui nella memoria fra i miei ricordi più dolci.

Mio padre, medico in un comunello di montagna, guadagnava quando io ero ragazzetto cinque paoli il giorno, che oggi sarebbero due lire e ottanta centesimi. Coi miseri incerti di qualche consulto, di qualche operazioncella e di qualche visita fuori della condotta, si può calcolare che il suo guadagno arrivasse circa a quattro lire, piuttosto meno che più. Con queste doveva mantenere decorosamente la sua famiglia, un cavallo, un servitore e me all'Università ... Vado

Auch er ist tot! Hinter diesem sanften und heiteren Äußeren, hinter diesem Lächeln, das, wenn er unter Freunden war, fest in seinen kleinen blauen Augen leuchtete, vermuteten alle eine fröhliche und unbeschwerte Seele. Niemand außer mir vermutete einen nachdenklichen und starken Charakter.

Mit zwölf Jahren verließ er wegen der Schule sein Elternhaus. Allein, fern von den Seinen, in einem Alter, in dem wir uns zwar nach Abstand sehnen, aber doch immer noch das Bedürfnis haben, von der Mutter wie junge Schwalben, ehe sie sich zu fliegen trauen, umsorgt zu werden, musste er sich in den Strudel des Lebens wagen und ein Mann sein, bevor er ein Junge gewesen war.

«Aber das war gut für mich, und ich habe gesiegt», sagte er mir oft mit Stolz. «Ich habe gesiegt, weil ich von Kindheit an gewappnet war durch die freie, aber ehrliche, manchmal romantische, doch immer kraftvolle Erziehung, die unsere liberalen Alten ihren Kindern gaben und damit Männer großzogen, die stark an Leib und Seele waren ...»

«Hör mal», sagte er eines Nachts, als ich an seinem Krankenlager wachte, «hör dir mal den Originalbericht von einer Erziehungsmethode an, einer kleinen Familienszene, die ich nach so vielen Jahren immer noch als eine meiner schönsten Erinnerungen frisch im Gedächtnis habe.

Mein Vater, Arzt in einer kleinen Gebirgsgemeinde, verdiente, als ich ein kleiner Junge war, fünf Paoli am Tag, was heute zwei Lire und achtzig Centesimi entspräche. Mit dem ungewissen Kleingeld aus ein paar Konsultationen, ein paar Operatiönchen und ein paar Besuchen außerhalb seines Amtsbezirks kam er, überschlägig gerechnet, auf etwa vier Lire, eher weniger als mehr. Damit musste er einigermaßen anständig seine Familie, ein Pferd, einen Diener und mich auf der Universität unterhalten ... Ich will mich kurz fassen,

per le leste, perché sento che il discorrer troppo mi aggraverebbe il petto e tu forse ti annoieresti.

Una sera dopo le vacanze del Natale, avevo allora diciassette anni, torno a Pisa con la mia mesata d'ottanta lire nel portafogli. Il rivedere gli amici mi mette allegria, vado a cena con una brigata di quei bontemponi, bevo, mi elettrizzo, giro cantando per le vie della città fino ad ora tarda, e da ultimo casco in una casa di giuoco dove in un paio d'ore lascio tutta la mesata, più trenta lire di debito, con un amico che me le prestò. Una piccolezza, se vogliamo, ma una piccolezza che per le condizioni della mia famiglia era grave, forse troppo grave.

Arrivato alla mia cameruccia, mi buttai sul letto, ma non potei dormire. Sbuffai, mi voltolai continuamente senza trovar riposo. Ebbi qualche breve dormiveglia, ma fu peggio. Brillanti, assassini, miniere d'oro, coltellate, mostri paurosi, corse a perdita di fiato per deserti a perdita d'occhio, urli, fischi, imprecazioni ... sognai un po' di tutto: e finalmente un gran scossone e tanto d'occhi spalancati, grondante di sudore.

– Che si fa? – pensavo. – Chiedo a qualche amico? Scrivo a qualche parente? a mia madre? a mio ...? Ah!... qui bisogna uscirne presto. Un atto di contrizione, un po'di dramma, quattro urlacci, due tonfi, magari ... e perché no? magari una fitta di scapaccioni, e tutto è finito e non ci si pensa più! Salto giù dal letto, mi faccio prestare pochi soldi dal primo amico mattiniero che incontro, mi rincantuccio in un vagone di terza classe e via a casa.

Il viaggio mi fece bene. Parlai continuamente di politica, e di guerra con un rappresentante di libri

denn ich fühle, dass das viele Reden mein Herz belasten und dich vielleicht langweilen würde.

Eines Abends nach den Weihnachtsferien, ich war damals siebzehn Jahre alt, kehre ich mit meinem Monatsgeld von achtzig Lire in der Brieftasche nach Pisa zurück. Ich bin guter Stimmung, weil ich die Freunde wiedersehe, gehe mit einer Schar dieser lustigen Brüder zum Abendessen, trinke, bin überdreht, streife singend durch die Stadt bis spät in die Nacht und gerate schließlich in ein Haus, wo gespielt wird; da verliere ich innerhalb von ein paar Stunden mein ganzes Monatsgeld und dazu noch die dreißig Lire, die mir ein Freund geliehen hatte. Eine Kleinigkeit, wenn man so will, aber eine Kleinigkeit, die bei der Lage meiner Familie schlimm war, vielleicht zu schlimm.

In meiner Bude angekommen, warf ich mich aufs Bett, konnte aber nicht schlafen. Ich schnaufte vor mich hin und drehte mich ständig um, ohne Ruhe zu finden. Manchmal war ich kurz im Halbschlaf, aber das war noch schlimmer: Brillanten, Mörder, Goldminen, Messerstiche, angsteinflößende Ungeheuer, atemloses Rennen durch endlose Wüsten, Schreie, Pfiffe, Flüche … ich träumte ein wenig von allem. Zum Schluss ein großer Ruck, weit aufgerissene Augen: schweißtriefend wachte ich auf.

‹Was soll ich nur machen?›, dachte ich. ‹Soll ich einen Freund fragen? Soll ich an einen Verwandten schreiben? An meine Mutter? An meinen …? Mensch, … ich muss hier einfach schnell rauskommen. Ein Zwangsakt, ein bisschen Drama, das eine oder andere Gebrüll, zwei dumpfe Schläge, vielleicht … warum nicht? Vielleicht eine Reihe Ohrfeigen, und alles ist vorbei, und keiner denkt mehr daran.› Ich springe aus dem Bett, borge mir ein paar Groschen vom erstbesten Freund, der schon auf ist und mir begegnet, kauere mich in einen Waggon dritter Klasse und ab nach Hause.

Die Reise tat mir gut. Ich unterhielt mich die ganze Zeit über Politik und Krieg mit einem Verlagsvertreter, der nach

che andava a Signa, ed ebbi dei momenti nei quali, sognando sul serio gloria, armi ed amori, in faccia al mio rappresentante, che mi guardava, stava zitto e fumava la pipa, dimenticate le mie miserie, mi sentii quasi orgoglioso d'aver anch'io la prima bravata da raccontare.

Ma quando vidi spuntare fra i boschi la torre del mio paesello, e poi il tetto della mia casa e il fumo che usciva dalla torretta del suo camino, la baldanza mi cadde e sentii le gambe che mi tremavano.

Quand'arrivai a casa, mio padre non c'era. Mia madre si spaventò perché vedendomi pallido, mi credette malato.

– Non ho nulla, sto bene ... proprio sto bene.

Il suo viso si rasserenò subito e, fatta forte da questa buona certezza, ascoltò abbastanza tranquilla, mentre preparava il desinare, il racconto che le feci dal canto del fuoco, dove m'ero rannicchiato scaldandomi alla fiamma che schioccava allegra sotto un paiolo di rape. Quando ebbi terminato:

– Figliuolo!... Io ti domando come si deve fare a dirlo a quell'uomo! – esclamò, guardandomi sgomenta. Poi dopo una lunga pausa pensosa:

– E'impossibile! come vuoi che faccia a renderti ora una mesata se ce n'ha appena tanti per andare avanti noi?!... Trovarli!... E dopo? ... Non c'è carità, in questo momento non c'è carità ... Gli sta peggio quel malato e pare che vada a morire ...

Io stavo zitto a guardarla, lei si chetò.

Il tepore del mio nido, la stanchezza e il mugolio del vento su per la gola del camino mi conciliarono il sonno e, senza accorgermene, mi addormentai col capo appoggiato alla spalliera della seggiola.

Quando mi destai vidi mio padre seduto dall'altra parte del focolare, che si asciugava alla fiamma

Signa fuhr, und hatte Augenblicke, in denen ich ernsthaft von Ruhm, Waffen und Liebesgeschichten träumte, meinem Vertreter gegenüber, der mich still ansah und Pfeife rauchte. Ich vergaß mein Elend und war fast stolz, dass auch ich ein erstes Bravourstück zu erzählen hatte.

Aber als ich zwischen den Wäldern den Turm meines Dörfchens herausragen sah, und dann das Dach meines Elternhauses und den Rauch, der aus dem Türmchen seines Kamins kam, verging mir mein Übermut, und ich fühlte meine Beine zittern.

Als ich ins Haus kam, war mein Vater nicht da. Meine Mutter erschrak, denn ich war blass, und sie dachte, ich sei krank.

‹Mir fehlt nichts, es geht mir gut ... es geht mir wirklich gut.›

Ihr Gesicht hellte sich sofort auf, und gestärkt durch diese erfreuliche Gewissheit hörte sie, während sie das Essen vorbereitete, einigermaßen ruhig der Geschichte zu, die ich ihr neben dem Feuer erzählte, wo ich mich hingekauert hatte, um mich an seiner lustig unter dem Kessel mit Rüben prasselnden Flamme zu wärmen. Als ich fertig war, rief sie aus:

‹Kind, was stellst du dir eigentlich vor, wie wir das diesem Mann beibringen sollen›, und sah mich bestürzt an. Dann nach einer langen nachdenklichen Pause:

‹Unmöglich! Wie soll er dir jetzt ein Monatsgeld geben, wo er kaum genug für uns zum Leben hat?!... Wo herkriegen?!... Und dann? ... Es gibt kein Erbarmen, in diesem Augenblick kein Erbarmen ... Seinem Patienten geht es schlechter, es sieht so aus, als würde er sterben ...›

Ich sah sie schweigend an, sie beruhigte sich.

Die Wärme meines Nests, die Müdigkeit und das Heulen des Windes oben im Kaminschacht machten mich schläfrig, und ohne es zu merken, schlief ich ein, den Kopf an die Rükkenlehne des Stuhls gelehnt.

Als ich wach wurde, sah ich meinen Vater auf der anderen Seite der Feuerstelle sitzen und sich an der Flamme die vom

i calzoni fradici di pioggia. Pareva stanco ed era pallido. Tossiva malamente ed aveva schizzi di fango sulla faccia.

Sentendomi muovere, alzò la testa.

– Buon giorno, babbo.

– Buon giorno – mi rispose. E non mi disse altro.

Dopo qualche momento si alzò, disse a mia madre d'affrettare il desinare perché aveva bisogno d'escir subito, e andò in camera sua.

– Glie l'hai detto? – domandai trepidante a mia madre.

Essa mi accennò di sì.

– Che ha risposto?

– Ha domandato come stavi e s'è messo e leggere.

Il desinare fu nero. I miei vecchi barattarono fra loro poche parole d'affarucci di famiglia, ed io, sempre aspettando una tempesta che mi avrebbe fatto tanto bene al cuore per vuotarlo d'urli, di bile e magari di pianto; per vedere se in una sfuriata trovavo la scappatoia per non avere tutto il torto io, ebbi a rimanere gelidamente trafitto dalle poche parole che nel tono usuale e quasi con amorevolezza mi rivolse mio padre.

– Beppe l'hai veduto? – (era un suo vecchio compagno di studi che io avevo sempre l'incarico di salutare quando andavo a Pisa).

– No …

– Domattina partirai col primo treno … Ti chiamerò presto, perché dovrai andare alla stazione a piedi … Del cavallo ne ho bisogno io.

– Sì.

Finito il desinare, andò via. Tornò a sera inoltrata, prese un boccone e andò e letto dopo avermi fatto con gli occhi stanchi una burbera carezza.

Regen patschnassen Hosenbeine trocknen. Er sah müde aus, war blass, hustete böse und hatte Schlammspritzer im Gesicht.

Er hob den Kopf, als er hörte, dass ich mich bewegte.

‹Guten Tag, Papa.›

‹Guten Tag›, antwortete er. Mehr sagte er nicht zu mir.

Nach einer Weile stand er auf, sagte zu meiner Mutter, sie solle sich mit dem Essen beeilen, da er gleich wegmüsse, und ging in sein Zimmer.

‹Hast du es ihm gesagt?›, fragte ich ängstlich meine Mutter.

Sie nickte.

‹Und was hat er geantwortet?›

‹Er hat gefragt, wie es dir geht und dann angefangen zu lesen.›

Das Essen war bedrückend. Meine Alten tauschten untereinander wenige Worte über Familienangelegenheiten aus, und ich, ständig in Erwartung eines Sturmes, der meinem Herzen so gut getan hätte, um es in Geschrei, Wut und vielleicht Weinen zu befreien, um zu sehen, ob in einem gewaltigen Krach ein Ausweg zu finden war, damit nicht nur ich allein schuld war – ich saß da, eisig durchstoßen von den wenigen Worten, mit denen mein Vater im üblichen Ton und fast liebevoll sich mir zuwandte.

‹Hast du Beppe gesehen?› (Das war ein alter Studienfreund, und ich hatte immer den Auftrag, ihn zu grüßen, wenn ich nach Pisa fuhr.)

‹Nein …›

‹Morgen früh fährst du mit dem ersten Zug … Ich werde dich früh wecken, denn du musst zu Fuß zum Bahnhof gehen … Das Pferd brauche ich.›

‹Ja.›

Nach dem Essen ging er weg. Er kam spätabends zurück, aß einen Happen und ging ins Bett, nachdem er mich mit seinen müden Augen rau gestreichelt hatte.

La mattina dopo mi svegliò alle cinque. Era buio, freddo, vento e nevicava forte. Quando escii di camera, mia madre, già alzata, mi aspettava per dirmi addio.

– Li ha lasciati a te i quattrini? – le domandai sotto voce.

– È là fuori che ti aspetta.

Corsi sulla porta e alla luce della lanterna con la quale il servitore ci faceva lume, vidi, lì davanti, mio padre già a cavallo, immobile, rinvoltato nel suo largo mantello carico di neve.

– Tieni, – mi disse, parlando rado e affondandomi ad ogni parola un solco nell'anima.

– Prendi ... Ora è roba tua ... Ma prima di spenderli ... Guardami! – e mi fulminò con un'occhiata fiera e malinconica. – Prima di spenderli, ricordati come tuo padre li guadagna.

Una spronata, uno scarto del cavallo e si allontanò a capo basso nel buio, tra la neve e il vento che turbinava.

Giovanni Pascoli: Orfano

Lenta la neve fiocca, fiocca, fiocca.
Senti: una zana dondola pian piano.
Un bimbo piange, il piccol dito in bocca;
canta una vecchia, il mento sulla mano.
La vecchia canta: Intorno al suo lettino
c'è rose e gigli, tutto un bel giardino.
Nel bel giardino il bimbo s'addormenta.
La neve fiocca lenta, lenta, lenta ...

Am nächsten Morgen weckte er mich um fünf. Es war dunkel, kalt, windig und schneite heftig. Als ich aus dem Zimmer kam, wartete meine Mutter auf mich; sie war schon aufgestanden, um mir Lebewohl zu sagen.

‹Hat er das Geld bei dir gelassen?›, fragte ich sie leise.

‹Er ist da draußen und wartet auf dich.›

Ich lief zur Tür, und im Licht der Laterne, mit der uns der Diener leuchtete, sah ich dort vorne meinen Vater schon auf dem Pferd, regungslos, in seinen weiten Umhang gewickelt, der voller Schnee war.

‹Nimm›, sagte er zu mir. Er sprach wenig, und jedes Wort grub eine Kerbe in meine Seele.

‹Nimm ... Es gehört jetzt dir ... Aber bevor du es ausgibst ... sieh mich an!› und er blitzte mich mit einem würdevollen, traurigen Blick an. ‹Bevor du es ausgibst, denk daran, wie dein Vater es verdient.›

Er gab die Sporen, ein Ruck des Pferdes, und gesenkten Hauptes entfernte er sich durch Schnee und wirbelnden Wind in die Dunkelheit.»

Giovanni Pascoli: Verwaist

Ganz sachte fallen Flocken, Flocken, Flocken.
Horch: eine Wiege schaukelt leise, leise.
Ein Kindchen weint, das Fingerchen im Mund;
die Hand am Kinn singt eine alte Frau.
Die Alte singt: Rings um das Bettchen stehn
Rosen und Lilien, ein ganzer schöner Garten.
Im schönen Garten schläft das Kindchen ein.
Die Flocken fallen sachte, sachte, sachte.

Giosuè Carducci: Pianto antico
Un anno dopo la morte del figlioletto Dante

L'albero a cui tendevi
la pargoletta mano,
il verde melograno
da' bei vermigli fior,

nel muto orto solingo
rinverdí tutto or ora
e giugno lo ristora
di luce e di calor.

Tu fior de la mia pianta
percossa e inaridita,
tu de l'inutil vita
estremo unico fior,

sei ne la terra fredda,
sei ne la terra negra;
né il sol più ti rallegra
né ti risveglia amor.

Giosuè Carducci: Ewige Trauer
Auf den Tod seines Söhnchens Dante, im Jahr danach

Der Baum, nach dem du strecktest
die kleine Kinderhand,
grünes Granatgehölz
mit schönen roten Blüten,

im Garten ach so stumm und leer
ist er jetzt voll ergrünt:
der Juni gibt ihm Labung
mit Sonnenlicht und Wärme.

Du Blüte meines Stammes,
zerblättert und verdorrt,
du meines schalen Lebens
einzige allerletzte Blüte,

du liegst in kalter Erde,
du liegst in schwarzer Erde;
dich freut nicht mehr die Sonne,
dich weckt nicht mehr die Liebe.

Le contrade di Siena, che sono oggi 17, erano molte di più nel Medioevo.

Quasi nulla l'avvocato Maggioni sa o ricorda del Medioevo, ma è stato informato di recente (dall'erudito vegliardo Ascanio) che la dominazione dei Longobardi arrivava un tempo fin qui. Davvero? Davvero. Ed ecco le contrade di Siena organizzarsi attorno alle parrocchie, appena tollerate dai barbari invasori; là i contradaioli si radunavano non solo per pregare (dovevano averne bisogno assai spesso) ma anche per discutere i loro scoraggianti problemi di vinti, di occupati, di dominati. Poi vennero i Franchi (ah, già) che instaurarono un diverso tipo di rapporti con la Chiesa (già, già) riconobbero quel sistema di governo locale e anzi gli dettero spago, responsabilità, poteri, doveri e compiti vari. Le contrade fornivano milizie e assistevano malati, pulivano strade e riscuotevano tributi. Vennero divise in tre settori (i «terzi» di Siena) e quando la città si trasformò in libero Comune ...

L'avvocato Maggioni, che è lombardo e nelle cui vene scorrono presumibilmente superstiti gocce di sangue longobardo e franco, non vede nessuna relazione tra se stesso e quei tempi remoti, non sente la minima affinità coi liberi Comuni. Uomo medio, italiano medio, sopravvive anzi in lui, dagli anni di scuola, uno spasimo di acutissima noia, di disperato rigetto, di fronte al capitolo del *Compendio di Storia* intitolato «I Comuni». Grigie, fitte, aride pagine; peggiori, forse, perfino del capitolo intitolato «Gli Arabi».

Fruttero & Lucentini: Der Palio von Siena durchs Fernglas
(deutsch von Burkhart Kroeber)

Die Contraden von Siena, heute siebzehn, waren im Mittelalter viel zahlreicher.

Der Anwalt Maggioni weiß (abgesehen von ein paar vagen Erinnerungen aus der Schule) praktisch nichts über das Mittelalter, aber er hat vor Kurzem erfahren (von dem gelehrten alten Ascanio), dass einst die Herrschaft der Langobarden bis hierher reichte. Wirklich? Ja, wirklich! Und dass die Contraden sich damals um die Pfarreien gebildet hatten, die von den barbarischen Invasoren nur ungern toleriert wurden, weil sich die Bürger in ihnen nicht nur versammelten, um zu beten (was sie oft nötig gehabt haben mussten), sondern auch, um ihre tristen Probleme als Besiegte, Besetzte und Beherrschte zu diskutieren. Dann kamen die Franken (ach ja, die Franken), die ein anderes Verhältnis zur Kirche begründeten (ach ja, natürlich) und die das lokale Selbstverwaltungssystem nicht nur akzeptierten, sondern ihm auch Verantwortung, Macht, diverse Aufgaben, Pflichten und Rechte übertrugen. Die Contraden stellten Milizen auf und kümmerten sich um die Kranken, hielten die Straßen sauber und erhoben Steuern. Sie wurden in drei Sektoren aufgeteilt (die sogenannten «Drittel» von Siena), und als die Stadt dann Freie Kommune wurde …

Der Anwalt Maggioni ist zwar Lombarde, und in seinen Adern kreisen vermutlich noch ein paar letzte Tröpfchen langobardisches und/oder fränkisches Blut, doch er vermag keinerlei Beziehung zwischen sich und jenen fernen Zeiten zu sehen, er verspürt nicht die mindeste Affinität zu den Freien Kommunen. Als Durchschnittszeitgenosse und Durchschnittsitaliener hegt er im Gegenteil seit der Schulzeit ein Gefühl von trostloser Langeweile und verzweifelter Unlust angesichts des Kapitels «Die Kommunen» im *Handbuch der Geschichte:* graue, engbedruckte, trockene Seiten, womöglich noch schlimmer als die des Kapitels «Die Araber».

Ma in questi tre giorni ha avuto modo di rendersi conto che, a Siena, un filo ininterrotto arriva da quei secoli oscuri fino a oggi. Quando si volta indietro, lui vede suo padre, vede suo nonno (coi baffi bianchi, stizzito, mentre tenta di aprire un ombrello in un androne cavernoso), ma non va più in là; invece Ascanio (e con lui Ginevra, Elisabetta, Guidobaldo e ogni altro contradaiolo senese) vede senza sforzo una lunghissima fila di antenati dritti come birilli, vede trenta, cinquanta individui – signori, popolani, villani, soldati, magari qualche prete o frate, che si passano per così dire la palla, come nelle generazioni bibliche: Baccio, che generò Bindo, che generò Corso, che generò Duccio …

Ah, la tradizione! Cosa combinavano nel Medioevo, intorno al 1200, diciamo, gli antenati dell'avv. Maggioni? L'avvocato non ne ha la più pallida idea. Nebbia totale. Mentre Ascanio sa che a quell'epoca Baccio, in compagnia di Bindo, Corso, Duccio ecc., andava il 15 agosto, festa dell'Assunta, a portare solennemente in Duomo il suo contributo di contradaiolo, id est: una candela. Già allora tutto era pignolescamente stabilito, regolamentato: peso, prezzo, calibro, lunghezza della candelina obbligatoria per il singolo cittadino, del grosso cero dipinto obbligatorio per la contrada, e del candelone gigante, da 100 libbre, omaggio del Comune. Una bella cerimonia, si può immaginare. Ma si può immaginare che finisse lì? Con Baccio, Bindo ecc. che consegnavano le loro candele e se ne tornavano subito a casa?

No, evidentemente. Anche un avvocato lombardo sa che da cosa nasce cosa. Si resta a chiacchierare sulla piazza del Duomo. Si ammirano i giocolieri e i funamboli venuti da fuori. Si

In den letzten drei Tagen hatte er aber Gelegenheit zu bemerken, dass hier in Siena ein kontinuierlicher Faden von jenen dunklen Jahrhunderten bis in unsere Tage reicht. Wenn er Rückschau in die Vergangenheit hält, sieht er seinen Vater und dahinter noch seinen Großvater (mit weißem Schnauzbart, ärgerlich damit beschäftigt, in einem höhlenartigen Hauseingang seinen Regenschirm zu öffnen), doch weiter kann er nicht sehen. Ascanio dagegen (und mit ihm Ginevra, Elisabetta, Guidobaldo und jeder andere Bürger von Siena) sieht mühelos eine lange Reihe von Ahnen, aufrecht wie die Kegel, er sieht an die dreißig bis fünfzig Personen: Adlige, Bauern, Bürger, Soldaten, womöglich auch ein paar Priester oder Mönche, die sich sozusagen den Ball weiterreichen wie in den biblischen Generationen – Baccio zeugte Bindo, Bindo zeugte Corso, Corso zeugte Duccio …

Ah, die Tradition! Was trieben im Mittelalter, sagen wir um 1200, die Vorfahren des Avvocato Maggioni? Er hat nicht die leiseste Ahnung, keinen Schimmer. Während Ascanio weiß, dass sich zu jener Zeit Baccio, begleitet von Bindo, Corso, Duccio usw., am 15. August, dem Tag der Himmelfahrt Mariä, zum Dom begab, um feierlich seinen Tribut als Contradenbürger, auch *Contradaiolo* genannt, zu entrichten, das heißt, eine Kerze zu stiften. Schon damals war alles peinlich genau geregelt: der Preis, das Gewicht, das Kaliber, die Länge der obligatorischen Kerze für jeden Contradaiolo, der großen bemalten Kerze für jede Contrade und der hundert Pfund schweren Riesenkerze als Festgabe der Kommune. Zweifellos eine schöne Zeremonie, man kann es sich vorstellen. Aber kann man sich auch vorstellen, dass sie damit schon zu Ende war? Dass Baccio, Bindo usw. sofort nach Ablieferung ihrer Kerze wieder nach Hause gingen?

Nein, sicher nicht. Auch ein lombardischer Anwalt weiß, dass eins das andere ergibt. Man bleibt noch ein wenig da, man hält noch ein Schwätzchen auf der Piazza del Duomo. Man bewundert die Gaukler und Seiltänzer, die von auswärts

mangiano i dolciumi e si beve il vino delle bancarelle messe su per l'occasione. Finché a qualcuno (neppure Ascanio ne conosce l'identità) viene in mente un bel giorno (l'anno esatto rimarrà sempre ignoto) di organizzare per l'occasione una corsa di cavalli tra le contrade, già forse divise da altre minute rivalità, da un naturale spirito competitivo.

Così è nato, secondo il documentato Ascanio, il Palio di Siena, che per secoli è stato corso non in piazza del Campo, ma lungo i neri e ondulati crepacci delle strade che tagliano la città, attraverso tutti i capitoli del compendio di storia: i Guelfi e i Ghibellini, le Signorie e i Principati, Carlo VIII e Carlo V, re, papi, imperatori e repubbliche, guerre, invasioni, assedi, distruzioni, carneficine, carestie, pestilenze. Alla fine, dopo i tanti lutti che hanno più volte dimezzato la gente di Siena, spopolato i palazzi e i tuguri, immerso nel silenzio le botteghe, svuotato i conventi e le chiese, le tante contrade del Medioevo si sono ridotte alle 17 di oggi.

L'avvocato Maggioni non può staccare gli occhi (il binocolo) dai sei cavalieri ancora fermi laggiù, alla curva del Casato, dai sei cupi cimieri di ferro sormontati dai simboli della Quercia, della Vipera, dell'Orso, del Leone, del Gallo, della Spada. Sei simboli a rappresentare con luttuoso puntiglio le contrade scomparse, cancellate, polverizzate dall'attrito dei secoli.

Ma l'avvocato non è più un turista, un distaccato osservatore; questi ultimi tre giorni l'hanno imbevuto di presagi, passioni, ossessioni, enigmi, intrecci sotterranei e indecifrabili. Ora anche lui vede più lontano, vede nitidamente, oltre gli elmi

gekommen sind. Man isst von den Leckereien und trinkt von den Weinen, die aus gegebenem Anlass an Ständen geboten werden. Bis schließlich jemand (nicht mal Ascanio weiß, wer) eines schönen Tages (das genaue Jahr bleibt für immer im Dunkeln) die Idee hat, aus gegebenem Anlass ein Rennen zu organisieren, ein Pferderennen zwischen den vielleicht schon durch andere kleine Rivalitäten, durch einen natürlichen Konkurrenzgeist entzweiten Contraden.

So ist, dem wohlinformierten Ascanio zufolge, der Palio von Siena entstanden, der jahrhundertelang nicht auf der Piazza del Campo ausgetragen wurde, sondern in den dunklen und gewundenen Gassen der Stadt, quer durch die einschlägigen Kapitel des Geschichtshandbuches: die Welfen und Ghibellinen, die Signorien und Fürstentümer, Karl VIII. und Karl V., Könige, Päpste, Kaiser und Republiken, Kriege, Invasionen, Belagerungen, Massaker, Brände, Hungersnöte und Pestilenzen. Am Ende, nach all den Kämpfen und Heimsuchungen, die das Volk von Siena mehrmals dezimiert, die Paläste und Hütten entvölkert, die Läden mit Schweigen erfüllt, die Kirchen und Klöster entleert hatten, war die Vielzahl der mittelalterlichen Contraden auf die heutigen siebzehn zusammengeschrumpft.

Der Anwalt Maggioni kann die Augen (das Fernglas) nicht von jenen sechs Reitern lösen, die immer noch reglos dort unten an der Casato-Kurve stehen, von jenen sechs eisernen Helmen, auf denen sich die Symbole der Eiche, der Viper, des Bären, des Löwen, des Hahns und des Schwertes erheben. Sechs Symbole, die mit schmerzlich-eindringlicher Beharrlichkeit die verschwundenen, ausgetilgten, vom Gang der Geschichte zu Staub zermalmten Contraden repräsentieren.

Doch der Anwalt ist kein Tourist, kein distanzierter Beobachter mehr; die letzten drei Tage haben ihn mit Vorahnungen, Obsessionen, Passionen, Rätseln, heimlich-unheimlichen, undechiffrierbaren Chiffren erfüllt. Jetzt kann auch er weiter sehen: Hinter den wappengeschmückten Helmen der

araldici delle Contrade Morte, la fila ininterrotta di tutti gli sgozzati, squartati, impiccati, bruciati, appestati, affamati, cui la pietà municipale consente questa onoraria, vicaria presenza sul Campo, ma vieta ormai ogni rivincita. Generazioni e generazioni di cadaveri orrendamente conciati, pile di scheletri che arrivano all'altezza di questa finestra, e in nome dei quali nessun mezzosangue, nessun fantino per quanto mercenario e corrotto, correrà mai più il Palio di Siena.

Come reagirei, si chiede incongruamente l'avvocato, se mio nonno o altro diretto ascendente fosse stato contradaiolo del Gallo, dell'Orso, o di un'altra qualsiasi delle contrade soppresse nel 1675?

Quelle sei contrade, gli ha spiegato Ascanio, furono squalificate a vita e private dei loro territori, in seguito a gravissimi incidenti di cui si sarebbero rese responsabili durante il Palio di quell'anno. Ma in realtà s'era trattato di una pura sopraffazione ai loro danni, da parte di contrade più forti che miravano appunto all'ingrandimento territoriale. Un po' come la spartizione della Polonia, pensa l'avvocato passando ad altro capitolo del *Compendio.* E certo, almeno sulle prime, dovette essere difficile per gli ex tifosi della Quercia, del Gallo ecc., appassionarsi alle nuove contrade cui erano stati annessi d'ufficio. Una cosa difficile da mandar giù, soprattutto per chi, derubato della vittoria nel '75, aveva sperato di prendersi la rivincita correndo coi propri colori nel '76 o nel '77.

– Tu, – sta per chiedere un po' per scherzo e un po' sul serio a Ginevra, mentre passa col binocolo da un cimiero all'altro dei sei cavalieri ancora immobili, – a che contrada appartenevi nel 1675?

Toten Contraden sieht er deutlich die endlose Reihe der Massakrierten, Geköpften, Gehenkten, Gevierteilten, bei lebendigem Leibe Verbrannten, der Verhungerten und an der Pest Gestorbenen, denen die kommunale Pietät diese stellvertretende Ehrenpräsenz auf der Piazza gestattet, aber längst jede Rache verwehrt. Generationen und Abergenerationen grauenhaft zugerichteter Leichen, Berge von Skeletten bis an dieses Fenster hinauf – und kein Pferd, kein Jockey, wie gekauft und korrupt auch immer, wird je mehr in ihrem Namen am Palio von Siena teilnehmen dürfen!

Wie würde ich reagieren, fragt sich der Anwalt unwillkürlich, wenn mein Großvater oder ein anderer direkter Vorfahre zur Contrade des Hahns, des Bären oder sonst einer der Contraden gehört hätte, die anno 1675 unterdrückt worden sind?

Damals nämlich seien, hat ihm Ascanio erklärt, jene sechs Contraden nach schweren Zwischenfällen, die sie angeblich während des Palio jenes Jahres verschuldet hätten, auf Lebzeiten disqualifiziert worden und ihrer Gebiete verlustig gegangen. In Wirklichkeit habe es sich jedoch um pure Unterdrückung gehandelt, um eine schlichte und schamlose Eliminierung durch stärkere Contraden, die ihre Gebiete vergrößern wollten. Ein bisschen wie die Teilung Polens, denkt der Anwalt, indem er zwanglos zu einem anderen Kapitel im *Handbuch* übergeht. Und sicher war es, zumindest anfangs, für die Exfans der Eiche, des Hahns usw. nicht leicht, sich für die neuen Contraden zu erwärmen, denen sie offiziell einverleibt worden waren. So was ist schwer zu verdauen, vor allem für jene, die sich anno 75 um den Sieg gebracht sahen und auf eine Revanche anno 76 oder 77 gehofft hatten.

«Du», ist er im Begriff, halb im Scherz, halb im Ernst Ginevra zu fragen, während er die Wappenzeichen jener sechs immer noch reglosen Reiter eins nach dem anderen durch das Fernglas betrachtet, «zu welcher Contrade hast du im Jahre 1675 gehört?»

Ma in questo momento la macabra schiera comincia ad avanzare sulla piazza, e l'avvocato ha un improvviso presentimento di pericolo, di catastrofe addirittura. La sua presenza qui, vicino a Ginevra, e quella di Valeria laggiù accanto a Guidobaldo, gli sembrano preludere a uno scioglimento tragico per entrambi. Punta il binocolo (e gli pare quasi di tendere una mano, attraverso il mare di folla) sul balcone del Circolo degli Uniti, e vede Valeria che tiene a sua volta un binocolo puntato nella sua direzione, come se stesse guardando lui che la guarda.

I loro occhi (o i loro cuori? le loro anime?) s'incontrano e l'avvocato si commuove. Nulla forse è ancora deciso, pensa con un nodo alla gola, tutto forse si può ancora salvare. La madre dei miei figli. La compagna della mia vita. Perché ho lasciato che ci separassero così, invischiati ciascuno nella sua storia assurda? E che cosa ho fatto per tirarcene fuori? Niente. Ho temporeggiato. Ho aspettato a vedere. E adesso ...

Nelle lenti lontane che lo fissano, gli pare di leggere un muto rimprovero.

Nelle lenti lontane che la fissano Valeria crede di leggere un muto rimprovero.

Povero Enzo, pensa. Il padre dei miei figli. Il compagno della mia vita. E io qui a folleggiare, a scintillare spensieratamente. Ma è colpa mia se lui ha la sua crisi esistenziale, o che altro, proprio adesso che facciamo una vita un po' diversa, che vediamo gente un po' più interessante? È colpa mia, se lui non si diverte?

In diesem Moment beginnt jedoch die makabre Reiterschar auf den Platz vorzurücken, und plötzlich spürt der Anwalt eine Gefahr, ja eine Katastrophe nahen. Ihm ist auf einmal, als kündigten seine Anwesenheit hier bei Ginevra und die seiner Frau drüben bei Guidobaldo eine tragische Lösung des Dramas für beide an. Er richtet das Fernglas auf den Balkon des Circolo degli Uniti (und meint fast, eine Hand hinüberzustrecken über die wogende Menge) und sieht Valeria, die ihrerseits ein Fernglas in seine Richtung hält, als schaute sie zu ihm her, während er zu ihr hinschaut.

Ihre Augen (oder ihre Herzen? ihre Seelen?) begegnen einander, und ihn überkommt eine jähe Rührung. Vielleicht ist noch nicht alles verloren, denkt er mit einem Kloß im Hals, vielleicht kann sich alles noch gütlich wenden. Die Mutter meiner Kinder. Meine Lebensgefährtin. Warum habe ich zugelassen, dass wir so auseinandergerissen wurden, jeder verbohrt in seine absurde Geschichte? Und was habe ich getan, um uns da herauszuziehen? Nichts. Ich habe es laufen lassen. Ich habe abwartend zugesehen. Und jetzt ...

In den fernen Linsen, die ihn fixieren, glaubt er einen stummen Vorwurf zu lesen.

In den fernen Linsen, die sie fixieren, glaubt Valeria einen stummen Vorwurf zu lesen.

Armer Enzo, denkt sie. Der Vater meiner Kinder. Mein Lebensgefährte. Und ich bin hier sorglos am Flirten, am Glänzen, Brillieren, ohne mir was zu denken! Aber ist es denn schließlich meine Schuld, wenn er jetzt seine Midlife-Crisis hat, gerade jetzt, wo wir mal was anderes erleben, mal interessantere Leute treffen? Ist es meine Schuld, wenn er sich nicht amüsiert?

Il maggior poema del secolo XIV fu quello creato dai sentimenti e dalle visioni dell'Alighieri e di S. Caterina. Fiorentino l'uno, senese l'altra; perfetto esemplare il primo di ciò che può essere un uomo; tipo meraviglioso la seconda di altissima Beatrice. Di sangue aristocratico il poeta; di buon sangue popolano la conduttrice d'uomini: campioni magnifici ambedue d'una razza creata per le vittorie. Se noi contempliamo le loro immagini nello specchio profondo della vita trecentesca subito ci appaiono le più sicuramente rappresentative della gente toscana di quel secolo, la quale poteva dirsi erede legittima di tutte la virtù romane. È inutile ch'io qui ricordi la romanità di Dante, ma indugiandoci fra poco a lumeggiare il pensiero e l'azione politica della Benincasa vedremo come questa convergesse costantemente l'energie a restituire in Roma la dignità e la potenza della nazione.

Ma bisogna anzitutto conoscere in virtù di quale disciplina spirituale si iniziasse Caterina all'azione politica, e come si aprissero gli occhi della sua intelligenza ad una visione larga e sicura del mondo esterno e delle realtà contemporanee. Di buon'ora ella intraprese a conquistare le libertà necessarie ad un uomo come ad una donna d'azione. Signoria assoluta sopra le passioni e le volontà; disprezzo d'ogni mollizie, emancipazione da ogni legame domestico. Chi sa quanto fossero rigidamente chiuse le porte della casa paterna ad una fanciulla d'onesta famiglia nel Trecento, comprenderà subito gli ostacoli che dovette vincere Caterina per aprirle. A lei non si presentavano apparentemente che due stati:

Niccolò Tommasèo: Katharina von Siena

Die größte Dichtung des 14. Jahrhunderts war die aus dem Bewusstsein und den Visionen Alighieris und der heiligen Katharina geschaffene. Florentiner der eine, Sienesin die andere; der erste, vollkommenes Beispiel dessen, was ein Mann sein kann; die zweite: wunderbares Bildnis einer höchsten Beatrice. Von aristokratischem Blut der Dichter; von gutem Blut aus dem Volk die Führerin der Menschen. Beide prächtige Helden eines für Siege geschaffenen Menschenschlags. Betrachten wir ihre Bilder in dem tiefgründigen Spiegel des Lebens im vierzehnten Jahrhundert, dann erscheinen sie uns gleichermaßen als die eindeutigsten Vertreter des toskanischen Volkes jener Zeit, das sich als rechtmäßiger Erbe aller römischen Tugenden bezeichnen konnte. Es ist müßig, an das Römterum Dantes zu erinnern; aber wenn wir das Denken und die politische Tätigkeit von Caterina Benincasa betrachten, werden wir sehen, wie diese ständig ihre Energie darauf verwandte, die Würde und die Macht der Nation an Rom zurückzugeben.

Vor allem muss man aber wissen, kraft welcher geistigen Disziplin Katharina ihre politische Tätigkeit begann und wie sich ihre Intelligenz einer breiten und sicheren Wahrnehmung der sie umgebenden Welt der zeitgenössichen Realität öffnete. Recht bald nahm sie die Freiheiten in Anspruch, die ein Mann und eine Frau der Tat brauchen. Absolute Beherrschung der Leidenschaften und des Willens; Verachtung jeglicher Schwäche, Emanzipierung von allen häuslichen Bindungen. Wem es bewusst ist, wie streng verschlossen im vierzehnten Jahrhundert die Türen des väterlichen Hauses für ein Mädchen aus ehrenhafter Familie waren, wird rasch begreifen, welche Hindernisse Katharina zu überwinden hatte, um sie zu öffnen. Es gab für sie offensichtlich nur zwei Möglichkeiten: die Ehe oder das Kloster. Im einen wie im an-

il matrimonio o il chiostro. Così nell'uno come nell'altro sarebbesi mortificata in una fatale constrizione la libera forza del suo genio femminile. Con mirabilie intuito, giovinetta diciassettenne, contro il volere dei genitori che pensavano di maritarla, e non cedendo ai consigli degli uomini religiosi che l'avrebbero veduta volentieri monaca, ella scelse il terzo ordine di S. Domenico, che mentre la rendeva indipendente dalla famiglia, non l'imprigionava fra le quattro mura d'un convento, nè la vincolava ai tre voti religiosi.

L'istituzione del terzo ordine, nelle società di S. Francesco e di S. Domenico creò una repubblica di persone che intendevano vivere religiosamente nel mondo fuor dai vincoli monastici, e nel secolo XIV favorì quel moto rivoluzionario al quale partecipavano le sètte eretiche dei fraticelli, che sostenne così fieramente le ragioni del vangelo di Cristo contro la politica laica e imperialista della Corte Avignonese. Sull'esempio del suo congiunto Giovanni Colombini, Caterina intese a fondare un libero cenacolo ove poter maturare le sue idee di rinnovazione ed agire per una conquista d'anime. (...)

Elle volle avere una viva comunione con gli uomini come con Dio, senza intermediari: si propose fin dal principio di vivere fuor d'ogni regola, ma secondo una legge, la propria legge interna, pur rimanendo ossequente alla disciplina cattolica. A Raimondo da Capua disse un giorno: «Padre, voi potete aver la certezza che nessuna regola nella vita spirituale mi fu insegnata da uomo mortale, ma solamente dal mio Signore e Maestro Gesù Cristo, il quale, o per qualche segreto impulso, oppure apparendomi e parlandomi come io adesso parlo a voi, mi ha insegnato sempre cio che io doveva fare.» (...)

deren Fall wäre die freie Kraft ihres weiblichen Genius in einer fatalen Unterdrückung abgetötet worden. Mit bewundernswertem Scharfsinn stellte sie sich als siebzehnjähriges Mädchen gegen den Willen der Eltern, die sie verheiraten wollten, und gab den Ratschlägen der Geistlichen nicht nach, die sie gern als Klosterschwester gesehen hätten. Sie wählte den dritten Orden des heiligen Dominikus, der sie unabhängig von der Familie machte, aber nicht zwischen den vier Mauern eines Klosters einsperrte und sie nicht an die drei mönchischen Gelübde band.

Die Einrichtung des dritten Ordens in den Gemeinschaften des heiligen Franziskus und des heiligen Dominikus schuf eine Gesellschaft von Menschen, deren Absicht es war, außerhalb von klösterlichen Zwängen ein religiöses Leben zu führen. Im 14. Jahrhundert förderte der Orden diese revolutionäre Bewegung (der sich dann die ketzerischen Sekten der Bettelmönche anschlossen) und unterstützte so, in heiligem Stolz, die Ansprüche des Evangeliums gegen die weltliche Machtpolitik des Hofes von Avignon. Nach dem Beispiel ihres Verwandten Giovanni Colombini beabsichtigte Katharina einen freien Kreis zu gründen, wo sie ihre Erneuerungsideen zur Reife bringen und Herzen gewinnen konnte.

Sie wollte eine lebendige Gemeinschaft mit den Menschen und mit Gott, ohne Vermittler. Von Anfang an nahm sie sich vor, außerhalb jeder Regel, aber nach einem Gesetz zu leben, und zwar nach ihrem eigenen inneren Gesetz, und trotzdem den Gehorsam der katholischen Disziplin zu wahren. Zu Raimondo da Capua sagte sie einmal: «Padre, Ihr könnt sicher sein, dass kein Sterblicher mich irgendeine Regel des geistlichen Lebens gelehrt hat, sondern nur mein Herr und Meister Jesus Christus, der, entweder durch einen geheimen Impuls oder, indem er mir erschien und mit mir sprach, so wie ich jetzt zu Euch spreche, mich immer gelehrt hat, was ich tun sollte.»

Giammai ella indietreggiò nella vita per rispetto umano, cioè per un timore servile: ogni suo atto, ogni sua parola erano affermazioni di libertà. Con ciò riuscì a creare rapidamente intorno a sè quell'atmosfera di simpatia spirituale, ove furono attirate le anime più generose e sincere dei suoi concittadini che costituirono il suo famoso cenacolo.

Ella vi accolse poeti, artisti, uomini, politici, magistrati, religiosi, che fecero profonda la sua coltura, – allargando al tempo stesso il suo campo d'azione. (…)

A lei era riserbato, come a Dante, di salire così in alto, da dominare le tempeste delle passioni politiche e religiose e degli egoismi individuali.

Niemals in ihrem Leben wich sie aus menschlichem Respekt zurück, das heißt, aus unterwürfiger Furcht, sondern jede ihrer Handlungen, jedes ihrer Worte war ein Bekenntnis zur Freiheit. Damit gelang es ihr, sehr schnell dieses Klima geistiger Sympathie um sich herum zu schaffen, von dem die großzügigsten und ehrlichsten Seelen der Stadt angezogen wurden, die zu ihrem berühmten Kreis gehörten.

Sie empfing Dichter, Künstler, Politiker, Amtspersonen und Geistliche, die ihre Bildung vertieften und gleichzeitig ihren Einfluss vergrößerten. (...)

Ihr war es wie Dante bestimmt, so weit hinaufzusteigen, dass sie die Stürme politischer und religiöser Leidenschaft und privater Eigensucht bezwang.

Compiuta Donzella: Sonetto

A la stagion che 'l mondo foglia e fiora
acresce gioia a tutti fin' amanti:
vanno insieme a li giardini alora
che gli auscelletti fanno dolzi canti;

la franca gente tutta s'inamora,
e di servir ciascun tragges' inanti,
ed ogni damigella in gioia dimora;
e me, n'abondan marrimenti e pianti.

Ca lo mio padre m'ha messa 'n errore,
e tenemi sovente in forte doglia:
donar mi vole a mia forza segnore,

ed io di ciò non ho disio né voglia,
e 'n gran tormento vivo a tutte l'ore;
però non mi ralegra fior né foglia.

Compiuta Donzella: Sonett

Zur Frühlingszeit, wenn alles grünt und blüht,
wächst auch die Freude aller Liebenden;
sie gehen miteinander in die Gärten,
und kleine Vögel singen süße Lieder.

Sorglos verlieben sich jetzt alle Menschen;
den Minnedienst stellt jeder obenan,
und jedes Mädchen ist erfüllt von Freude.
Nur ich bin übervoll von Leid und Tränen:

Mein Vater hat mich arg in Not gebracht
und mir viel große Pein bereitet:
Er will mir einen Ehemann verordnen,

doch weder brauch ich ihn noch mag ich ihn.
Ich lebe Stund um Stund in großen Qualen,
sodass mich weder Blatt noch Blüte freut.

San Francesco: La predica alli uccelli

E passando oltre con quello fervore, levò gli occhi, e vide alquanti albori allato alla via, in su' quali era quasi infinita moltitudine d'uccelli; di che Santo Francesco si maravigliò, e disse a' compagni: Voi m'aspetterete qui nella via, e io andrò nel campo; e cominciò a predicare alli uccelli, ch'erano in terra; e subitamente quelli, ch'erano in su gli arbori, se ne vennono a lui, e insieme tutti quanti istettono fermi, mentre che S. Francesco compiè di predicare. (...)

La sustanza della predica di Santo Francesco fu questa: Sirocchie mie uccelli, voi siate molto tenute a Dio vostro Creatore, e sempre ed in ogni luogo il dovete laudare, imperocché v'ha dato libertà di volare in ogni luogo, anche v'ha dato il vestimento duplicato, e triplicato, appresso, perché riserbò il seme di voi nella arca di Noè, acciocché la spezie vostra non venisse meno, ancora gli siate tenuti per lo elemento della aria, che egli ha diputato a voi, oltre a questo, voi non seminate e non mietete; e Iddio vi pasce, e davvi li fiumi, e le fonti per vostro bere; davvi gli monti e le valli per vostro rifugio; e gli alberi alti per fare gli vostri nidi, e conciossiacosaché voi non sappiate filare, nè cucire, Iddio vi veste, voi e' vostri figliuoli: onde molto v'ama il vostro Creatore, poich'egli vi dà tanti benefici, e però guardatevi, sirocchie mie, del peccato, della ingratitudine, e sempre vi studiate di lodare Iddio.

Dicendo loro Santo Francesco queste parole, tutti quanti quelli uccelli cominciarono ad aprire i becchi, e distendere i colli, e aprire l'alie, e reverentemente inchinare i capi infino in terra, e con atti e con canti dimostrare, che 'l Padre Santo dava loro grandissimo diletto: e Santo Francesco con loro insieme si ralle-

Sankt Franziskus: Die Predigt an die Vögel

Und in dieser Inbrunst voranschreitend, hob er den Blick und sah etliche Bäume längs des Weges, auf denen sich eine fast unendliche Zahl von Vögeln niedergelassen hatte. Franziskus wunderte sich und sagte zu den Freunden: Wartet hier auf dem Weg auf mich, während ich aufs Feld gehe – und er begann vor den Vögeln, die auf der Erde saßen, zu predigen. Sogleich kamen die, welche auf den Bäumen saßen, zu ihm, und alle zusammen verharrten dort, bis er zu predigen aufgehört hatte. (...)

Die Predigt des heiligen Franziskus hatte folgenden Inhalt: Ihr Vögel, meine Schwestern, seid Gott, euerm Schöpfer, sehr verpflichtet, und ihr sollt ihn immer und an jedem Ort loben, da er euch die Freiheit gegeben hat, überall hin zu fliegen; er hat euch außerdem ein doppeltes und dreifaches Kleid gegeben, denn er bewahrte euern Samen in der Arche Noah auf, damit eure Art nicht ausstirbt; auch seid ihr ihm verpflichtet wegen des Elements Luft, das er euch zugewiesen hat, denn ihr sät und erntet nicht; Gott hat euch ernährt und gibt euch die Flüsse und die Quellen, damit ihr trinken könnt; er gibt euch die Berge und die Täler für eure Zuflucht; die hohen Bäume, damit ihr eure Nester bauen könnt; und obwohl ihr nicht spinnen und nähen könnt, gibt Gott euch und euren Kindern ein Kleid; euer Schöpfer liebt euch sehr, denn er schenkt euch so viel Gutes; hütet euch, meine Schwestern, vor der Sünde der Undankbarkeit und trachtet immer danach, Gott zu loben.

Als Franziskus diese Worte zu ihnen sprach, öffneten die Vögel allesamt ihre Schnäbel, reckten ihre Hälse, breiteten die Flügel aus und neigten ehrerbietig die Köpfe bis zur Erde, um mit Gebärde und Gesang zu zeigen, dass der heilige Pater ihnen große Freude bereitete. Franziskus freute sich zusammen mit ihnen und wunderte sich sehr über

grava, e dilettava, e meravigliavasi molto di tanta moltitudine d'uccelli, e della loro bellissima varietade e della loro attenzione, e familiaritade; per la qual cosa egli in loro divotamente lodava il Creatore.

Finalmente compiuta la predicazione, Santo Francesco fece loro il segno della croce e diè loro licenza di partirsi, e allora tutti quelli uccelli si levarono in aria con maravigliosi canti; e poi, secondo la croce, ch'avea fatta loro Santo Francesco si divisono in quattro parti; e l'una parte volò inverso l'Oriente, e l'altra inverso l'Occidente, e l'altra inverso lo Meriggio, la quarta inverso l'Aquilone, e ciascuna schiera n'andava cantando maravigliosi canti.

Giovanni Pascoli: La quercia caduta

Dov'era l'ombra, or sé la quercia spande
   morta, né più coi turbini tenzona.
   La gente dice: «Or vedo: era pur grande!»
Pendono qua e là dalla corona
   i nidietti della primavera.
   Dice la gente: «Or vedo, era pur buona!»
Ognuno loda, ognuno taglia. A sera
   ognuno col suo grave fascio va.
   Nell'aria, un pianto ... d'una capinera,
che cerca il nido che non troverà.

die große Zahl von Vögeln und über ihre wunderschöne Vielfalt und über ihre Aufmerksamkeit und Zutraulichkeit. Daher lobte er in ihnen ehrerbietig den Schöpfer.

Als Franziskus seine Predigt schließlich beendet hatte, segnete er sie mit dem Kreuz und gab ihnen die Erlaubnis, fortzufliegen. Da erhoben sich all diese Vögel mit wunderschönen Gesängen in die Lüfte, und gemäß dem Kreuz, mit dem Franziskus sie gesegnet hatte, teilten sie sich in vier Gruppen, die eine flog in Richtung Osten, die andere in Richtung Westen, die andere in Richtung Süden und die vierte in Richtung Norden, und eine jede Schar flog mit wunderschönen Gesängen von hinnen.

Giovanni Pascoli: Die gefallene Eiche

Wo einst ihr Schatten lag, liegt sie jetzt selber,
   die Eiche, tot. Kein Kampf mit Stürmen mehr.
   Die Leute sagen: Wirklich, sie war groß!
In ihrer Krone hängen hier und da
   noch Vogelnesterchen vom Frühjahr.
   Die Leute sagen: Wirklich, sie war gut!
Ein jeder lobt – und schneidet Zweige. Abends
   geht jeder fort mit seinem schweren Bündel.
   Hoch droben eine Klage: Die Grasmücke;
sie sucht ihr Nest und findet es nicht mehr.

«Non piangere.» Nel silenzio che divide l'uno dall'altro i miei singhiozzi, questa voce figura una ragazzetta che abbia corso in salita e voglia scaricarsi subito di un'imbasciata pressante. Non alzo la testa. «Non piangere»: la rapidità dello sdrucciolo rimbalza ora come un chicco di grandine, messaggio, nell'ardore estivo, di alti freddi cieli. Non alzo la testa, nessuno mi è vicino.

Poche cose esistono per me in quest'alba faticosa e bianca di un giorno d'agosto in cui siedo in terra, sulla ghiaia di un vialetto di Boboli, come nei sogni, in camicia da notte. Dallo stomaco alla testa mi strizzo in lagrime, non posso farne a meno, in coscienza, e ho il capo sulle ginocchia. Sotto di me, fra i sassolini, i miei piedi nudi e grigi; sopra di me, come le onde su un affogato, il viavai smorto della gente che sale e scende l'erta da cui vengo, e che non può curarsi di una donna accoccolata in singhiozzi. Gente che alle quattro del mattino si spinge come gregge spaurito a mirare lo sfacelo della patria, a confrontare colla vista i terrori di una nottata che le mine tedesche impiegarono, una dopo l'altra, a sconvolgere la crosta della terra. Senza rendermene conto, piango per quello che ciascuno di loro vedrà dal Belvedere, e i miei singhiozzi seguitano a bollire, irragionati, balenandoci, pazze festuche, il ponte Santa Trinita, torrioni dorati, una tazzina a fiori in cui bevevo da piccola. E di nuovo, mentre mi fermo un istante e raccapezzo, nel mio vuoto, che dovrò pure alzarmi, quel suono «non piangere» mi tocca in fretta come un'onda che

«Nicht weinen.» In der Stille, von der meine Schluchzer unterbrochen werden, diese Stimme eines jungen Mädchens, das den Hang hinaufgelaufen sein könnte, um seine wichtige Botschaft rasch loszuwerden. Ich hebe den Kopf nicht. «Nicht weinen»: Die schnelle rhythmische Betonung hüpft jetzt wie ein Hagelkorn, in der sommerlichen Glut eine Botschaft aus hohen kalten Himmeln. Ich hebe den Kopf nicht, niemand ist in meiner Nähe.

Nur noch wenig gibt es für mich an diesem lastenden bleichen frühen Morgen eines Augusttages, an dem ich im Boboli-Garten auf einem Kiesweg am Boden sitze, im Nachthemd, wie in den Träumen. Den Kopf auf den Knien werde ich am ganzen Körper von Weinkrämpfen geschüttelt, ich kann einfach nicht anders. Unter mir, zwischen den Kieselsteinen, meine Füße, nackt und grau; über mir, wie die Wellen über einem Ertrunkenen, das stumme Kommen und Gehen der Leute, die den Hang, von dem ich herkomme, aufwärts oder abwärts gehen und sich nicht um eine schluchzend zusammengekauerte Frau kümmern können. Leute, die morgens um vier wie eine aufgeschreckte Herde vorwärtsdrängen, um den Untergang des Vaterlandes zu betrachten und mit eigenen Augen die Schrecken einer Nacht zu sehen, die die deutschen Luftminen veranstalteten, um Schlag auf Schlag die Erdkruste zu verwüsten. Ohne mir dessen bewusst zu sein, weine ich über das, was jeder von ihnen vom Belvedere sehen wird. Mein unsinniges Schluchzen hört nicht auf, mich zu schütteln, wie verrückte Strohhalme blitzt es auf: die Santa Trinità Brücke, vergoldete große Türme, eine kleine geblümte Tasse, aus der ich als kleines Kind trank … Und wieder – während ich einen Augenblick innehalte, um mich in meiner Leere zurechtzufinden, denn ich muss doch aufstehen – berührt mich, kurz wie eine sich entfernende Welle, dieser Ruf «Nicht weinen».

s'allontana. Alzo finalmente la testa che è già una memoria, e in questa forma gli presto orecchio. Taccio, attonita, nella scoperta della perdita più dolorosa.

Sotto le macerie di casa mia ho perduto Artemisia, la mia compagna di tre secoli fa, che respirava adagio, coricata da me su cento pagine di scritto. Ho riconosciuto la sua voce mentre da arcane ferite del mio spirito escono a fiotti immagini turbinose: che sono, a un tempo, Artemisia scottata, disperata, convulsa, prima di morire, come un cane schiacciato. Tutte immagini pulite, nitidissime, rilucenti sotto un sole di maggio. Artemisia bambina, che saltella tra i carciofi dei frati, sul monte Pincio, a due passi da casa; Artemisia giovinetta, chiusa in camera, col fazzoletto sulla bocca perché non la sentano piangere: e irosa, con la mano alzata, a imprecare, i sopraccigli contratti: e giovane bellezza, chino il viso appena sorridente, in veste di gala un po' severa, per questi viali, proprio per questi viali: la Granduchessa passerà a momenti. Sotto la cenere degli scoppi, senza lagrime mi metto a parlarle: È la finestra di Borgo San Jacopo a cui t'affacciavi sull'Arno? Il ritratto della tua compagna cantatrice, sepolta a Santa Felicità? Non la raggiungo più; o è diventata troppo piccola, lattante addirittura, insieme ai lattanti dei profughi che, sotto ai portici, ricominciano a urlare di fame. Con una agilità meccanica, ironica, le immagini continuano a fluire, il mondo sconquassato le secerne come un formicaio, non posso fermarle né riconoscere quelle che più mi premono. La bòmbola del latte da distribuire fra due ore al dispensario, le facce delle donne che si lagnano, ognuna con la sua smorfia istantanea

Schließlich hebe ich den Kopf, der inzwischen eine einzige Erinnerung ist, und in dieser Haltung kann ich diesem Ruf lauschen. Ich schweige, entsetzt, beim Innewerden des schmerzhaftesten Verlustes.

Unter den Trümmern meines Hauses habe ich Artemisia verloren, meine Kameradin von vor drei Jahrhunderten, die, von mir auf hundert geschriebene Seiten gebettet, ruhig atmete. Ich habe ihre Stimme erkannt, während verborgene Wunden meiner Seele stoßweise wirbelnde Bilder hervorbringen, alle gleichzeitig: Artemisia verbrannt, verzweifelt, zitternd, bevor sie wie ein zerschmetterter Hund stirbt. Lauter klare, sehr deutliche Bilder, die unter einer Maisonne leuchten. Artemisia als kleines Mädchen, hüpfend zwischen den Artischocken der Mönche auf dem Monte Pincio, zwei Schritte von zu Hause entfernt; Artemisia als junges Mädchen, im Zimmer eingeschlossen, mit dem Taschentuch vor dem Mund, damit man sie nicht weinen hört; aber auch wütend, mit drohend erhobener Hand und finsterem Gesicht; auch als junge Schönheit, das leicht lächelnde Gesicht geneigt, in feierlichem, ein wenig strengem Gewand, in diesen Alleen, genau in diesen Alleen: die Großherzogin wird gleich vorübergehen. Unter der Asche des Geborstenen spreche ich zu ihr ohne Tränen: Ist dies das Fenster von Borgo San Jacopo, aus dem du auf den Arno schautest? Ist das das Bildnis deiner Gefährtin, der Sängerin, die in Santa Felice begraben ist? Ich erreiche sie nicht mehr. Vielleicht ist sie zu klein geworden, geradezu ein Säugling, zusammen mit den Säuglingen der Flüchtlinge, die unter den Arkaden wieder vor Hunger zu schreien anfangen. Mit einer selbstverständlichen, ironischen Leichtigkeit fließen die Bilder weiter, die erschütterte Welt spuckt ein ganzes Gewimmel aus, ich kann sie weder aufhalten noch diejenigen erkennen, die für mich besonders wichtig sind. Der große Milchbehälter, der in zwei Stunden an der Versorgungsstelle zur Verfügung stehen soll, die Gesichter der sich beklagenden Frauen, jede mit ihrer eigenen plötz-

di delusione e di scoraggiamento, le due mendicanti piagnone, l'epilettico che chiede l'introvabile stupefacente, l'anginoso con l'attacco, la cantastorie tubercolosa, i cinque bambini imbroglioni che ritirano razione doppia. Per miracolo Angelica, la piccola paralitica, argina la processione: mi ricordo dei suoi occhi celesti, incantati e infidi e di come sua madre, la rivendugliola, dice: «l'è tanto religiosa». Da quegli occhi m'era venuta la tentazione di una nuova storia, quando non sapevo che avrei perduta Artemisia; e mentre mi domando se Angelica avrà avuta molta paura, vedo all'altezza della sua testa e così nettamente come non mi è mai riuscito, un visuccio verdastro di bambina negletta, occhi che tirano al grigio, capelli biondicci, una delicatezza di tratti proterva e strapazzata: Artemisia a dieci anni. Per meglio rimproverarmi e farsi rimpiangere, abbassa le palpebre: come volesse avvisarmi che pensa a qualche cosa e che non me lo dirà mai. Ma io indovino: «Cecilia, pensi a Cecilia Nari?» La sento, da ragazzina disperata, stringermi le ginocchia. Non mi sono ancora levata in piedi, e i miei singhiozzi sono ora per me e per lei soltanto: per lei nata nel millecinquecentonovantotto, anziana nella morte che ci sta intorno, e ora sepolta nella mia fragile memoria. Le avevo regalata un'amica, bisogna che la rassicuri anche se non credo, come succede agli adulti, di potergliela restituire. E nella pietà per lei trovo una scusa per me, una scusa che non controllo, tutta di oggi. Angelica ha gli occhi, ha la malattia di Cecilia, per questo l'ho cara. Mi rammento, mi rammento benissimo come andarono le cose.

lichen Enttäuschung und Mutlosigkeit im Gesicht, die beiden weinerlichen Bettlerinnen, der Epileptiker, der nach den unauffindbaren Medikamenten verlangt, der Herzkranke mit dem Anfall, die schwindsüchtige Märchenerzählerin, die fünf Kinder, die sich eine doppelte Ration erschwindeln. Wie durch ein Wunder hält Angelica, die kleine Gelähmte, die Prozession auf: Ich erinnere mich an ihre himmelblauen, verträumten und verschlagenen Augen, und wie ihre Mutter, die Krämerin, sagt: «Sie ist sehr fromm.» Durch diese Augen war ich versucht, eine neue Geschichte zu schreiben, als ich noch nicht wusste, dass ich Artemisia verlieren würde. Und während ich mich frage, ob Angelica wohl sehr große Angst gehabt hat, sehe ich in Höhe ihres Kopfes, und so deutlich, wie noch nie, das grünliche Gesichtchen eines kleinen verwahrlosten Mädchens, Augen, die fast grau wirken, dunkelblonde Haare, eine Zartheit der Gesichtszüge, die trotzig und verwildert war: Artemisia mit zehn Jahren. Um vorwurfsvoll zu sein und größere Trauer zu wecken, senkt sie den Blick, als wollte sie mir zu verstehen geben, dass sie an etwas denkt, das sie mir nie sagen wird. Aber ich errate es: «Cecilia, denkst du an Cecilia Nari?» Ich fühle, wie sie als verzweifeltes kleines Mädchen meine Knie umklammert. Ich bin noch nicht aufgestanden, und mein Schluchzen gilt jetzt nur mir und ihr: ihr, der fünfzehnhundertachtundneunzig Geborenen, schon längst im Tod, der uns alle umgibt, und jetzt begraben in meiner zerbrechlichen Erinnerung. Ich hatte ihr eine Freundin geschenkt; ich muss sie beruhigen, obwohl ich, wie es bei Erwachsenen oft geschieht, nicht glaube, dass ich sie ihr wiedergeben kann. Im Mitleid mit ihr finde ich eine Entschuldigung für mich, eine Entschuldigung, über die ich sonst nicht verfüge, sie gilt nur heute. Angelica hat die Augen, hat die Krankheit von Cecilia, deswegen habe ich sie lieb. Ich erinnere mich, ich erinnere mich sehr gut, wie sich alles abgespielt hat.

Subito dopo San Casciano, dovettero fermarsi per cambiare una gomma. «Potevo essermene accorto prima», disse l'autista contrariato; e si mise di malavoglia al lavoro, con l'aiuto del segretario della sezione. Il padre, invece, s'era addormentato cosi bene che non lo svegliò nemmeno la fermata.

Scese anche Mara. Quei luoghi ormai le erano familiari: c'era passata tante volte in macchina. Riconosceva, al di là della vallata, una collina tondeggiante coperta di pini. L'ultima volta era stato ... un mese prima. Allora non avevano ancora fissato la data del processo.

Sotto la strada, il vento scorreva sul pendio erboso, schiarendolo via via: come una carezza di una mano sul velluto. Un carro guidato dai buoi avanzava lentamente su una carrareccia a mezza costa. Più lontano ancora si vedeva un paese. Era controluce, e Mara sulle prime non ci aveva badato: l'aveva preso per la sommità frastagliata di un poggio.

Era strano che non si sentisse emozionata, e che quasi non pensasse a Bube. Eppure era per lui che andava a Firenze; e stavolta lo avrebbe visto dentro la gabbia degl'imputati. Ma se si era abituata al carcere, non le avrebbe fatto impressione nemmeno il tribunale ...

Ora, però, si sarebbe deciso il suo destino. «Tra cinque, sei giorni, quando tornerò a passare di qui, il mio destino sarà segnato.» Ma anche allora, la vita avrebbe continuato a presentare gli aspetti consueti. Non era stato forse un giorno come tutti gli altri quello in cui avevano saputo della morte di Sante? Lei allora era una ragazzetta senza cervello, ma a distanza di tempo poteva rendersi bene conto che sciagura era stata. Ricor-

Gleich hinter San Casciano mussten sie anhalten, um einen Reifen zu wechseln. «Das hätte ich eher merken können», sagte der Fahrer verärgert und machte sich mithilfe des Sektionssekretärs an die Arbeit. Der Vater hingegen war so fest eingeschlafen, dass ihn der Halt nicht einmal weckte.

Auch Mara stieg aus. Diese Orte waren ihr schon vertraut. Viele Male war sie im Auto dort vorbeigefahren. Auf der anderen Seite des Tals erkannte sie einen runden mit Pinien bedeckten Hügel wieder. Das letzte Mal war es … vor einem Monat gewesen. Damals hatten sie das Datum für den Prozess noch nicht festgelegt.

Unterhalb der Straße strich der Wind über den grasbewachsenen Abhang und machte ihn nach und nach heller; es war wie das Streicheln einer Hand auf Samt. Ein von Ochsen gezogener Karren fuhr langsam eine auf halber Höhe verlaufende Wagenspur entlang. Noch weiter entfernt sah man ein Dorf. Es war Gegenlicht; Mara hatte zunächst nicht aufgepasst und es für den gezackten Gipfel eines Hügels gehalten.

Es war eigenartig, dass sie nicht aufgeregt war und dass sie eigentlich nicht an Bube dachte. Obwohl sie seinetwegen nach Florenz gefahren war und ihn diesmal im Käfig der Angeklagten sehen würde. Und wenn sie sich schon ans Gefängnis gewöhnt hatte, dann würde ihr das Gericht auch keinen Eindruck machen …

Jetzt allerdings würde sich sein Schicksal entscheiden. «In fünf, sechs Tagen, wenn ich hier wieder vorbeikomme, dann wird mein Schicksal besiegelt sein.» Aber auch dann würde das Leben seinen gewohnten Gang gehen. War der Tag, an dem sie vom Tod Santes erfahren hatten, etwa nicht wie alle anderen? Sie war damals ein kleines Mädchen ohne Verstand, aber im zeitlichen Abstand war es ihr ziemlich klar geworden, was für ein Unglück das gewesen war. Sie erinnerte sich an

dava il momento in cui l'uomo era apparso nella corte. Lei era alla finestra a mangiarsi le unghie, ed ecco, era apparso quell'uomo, un contadino come tanti, e invece no, veniva a portare la notizia della morte di Sante …

Senza farci caso, si era allontanata di un centinaio di passi. Voltandosi, scorse i due uomini che orinavano sul ciglio della strada prima di risalire in macchina. Anche nei momenti più tragici, i bisogni elementari della vita reclamavano di essere soddisfatti: quei due orinavano, il padre dormiva, e lei aveva una gran fame e non vedeva l'ora di essere arrivata per poter fare colazione.

L'automobile si fermò per farla salire. In pochi minuti fu in fondo alla discesa; attraversò un abitato, poi si mise a costeggiare il corso di un torrente. Dall'altra parte c'era un oliveto recinto da un muro; e in cima all'altura una villa con la meridiana sulla facciata. Si era ormai vicini e Firenze, lo si capiva dal traffico in aumento, dalle case sempre più numerose, dai muri chiari che recingevano i campi.

Erano le otto quando entrarono in città da Porta Romana; avevano tutto il tempo di fare le cose con calma. Andarono nel solito caffè. Lei mangiò due briosce e fu in forse se chiederne un'altra; ma poi si vergognò. Il cappuccino era bollente; aspettò che si raffreddasse.

Chi li vedeva, lei intenta a bere a piccoli sorsi, gli uomini immersi nella lettura del giornale, non avrebbe potuto certo immaginare la ragione per cui erano lì. «Tra poco lo vedrò nella gabbia», si ripeté Mara. Ma non si sentiva per nulla emozionata … Invece, si sentì stringere il cuore quando le venne in mente che avrebbe incontrato la madre e la sorella di Bube.

«Babbo, mi raccomando, non mi lasciare sola», disse stringendogli il braccio.

den Augenblick, als der Mann im Hof auftauchte. Sie stand nägelbeißend am Fenster, da war dieser Mann aufgetaucht, ein Bauer wie viele, aber dann doch nicht, denn er war gekommen, die Nachricht vom Tod Santes zu überbringen …

Ganz zufällig hatte sie sich etwa hundert Schritte entfernt. Als sie sich umdrehte, bemerkte sie die beiden Männer, die an den Straßenrand pinkelten, bevor sie wieder ins Auto stiegen. Selbst in den tragischsten Augenblicken fordern elementare Bedürfnisse des Lebens ihre Befriedigung: die beiden pinkelten, der Vater schlief, und sie hatte großen Hunger und konnte nicht erwarten anzukommen, um frühstücken zu können.

Das Auto hielt, um sie einsteigen zu lassen. In wenigen Minuten war es am Ende des Gefälles, fuhr durch eine Ortschaft und dann an einem Wildbach entlang. Auf der anderen Seite war ein von einer Mauer umgebener Olivenhain, und ganz oben auf der Anhöhe eine Villa mit einer Sonnenuhr an der Wand. Sie waren jetzt in der Nähe von Florenz, man merkte es am dichter werdenden Verkehr, an der größeren Anzahl von Häusern und an den von hellen Mauern eingefassten Feldern.

Es war acht Uhr, als sie durch die Porta Romana in die Stadt einfuhren. Sie hatten genügend Zeit, um alles in Ruhe zu erledigen, und gingen in das gewohnte Café. Mara aß zwei Brioches und überlegte sich, ob sie noch ein weiteres bestellen sollte, doch dann schämte sie sich. Der Cappuccino war kochend heiß. Sie wartete, dass er abkühlte.

Wer die drei sah – sie dabei, in kleinen Schlucken zu trinken, die Männer in die Lektüre der Zeitung vertieft –, hätte sich bestimmt nicht vorstellen können, weswegen sie da waren. «Bald werde ich ihn im Käfig sehen», sagte sich Mara wieder. Aber sie war überhaupt nicht aufgeregt … nur: ihr Herz zog sich zusammen, als ihr einfiel, dass sie die Mutter und die Schwester von Bube treffen würde.

«Papa, bitte lass mich nicht allein», sagte sie und drückte seinen Arm.

«Come?» fece il padre. «Ma certo, figliola: dove vuoi che vada?»

«Ma così, quando siamo nell'aula, non fare come fai sempre, che ti metti a parlare con questo e con quello.»

Il padre la guardò; le prese la mano:

«Stai tranquilla, figliola.»

In aula incontrarono molte persone di Volterra, tra cui Elvira, Lidori, Arnaldo.

La gabbia era ancora vuota, e così pure il banco dei giudici e i tavoli degli avvocati; di là dalla transenna c'erano solo due carabinieri.

Dopo la confusione dei primi momenti, Mara si ritrovò accanto e Elvira.

«Quando comincia?» fece, tanto per dir qualcosa.

«Dianzi era qui l'avvocato, ha detto che prima delle dieci sarà difficile che cominci.»

«L'avvocato Raffaeli?»

«No, quell'altro ... quel siciliano.»

«Ho capito: Paternò.» Le era simpatico, Paternò: non si trincerava dietro frasi vaghe, spiegava le cose chiare e non nascondeva niente.

A un tratto si ricordò che doveva chiederle della madre:

«E tua mamma ... come stà?»

«Mica tanto bene» rispose Elvira. «Lei desiderava venire, ma noi non abbiamo voluto ... Le avrebbe fatto troppo impressione, non ti pare?»

Poi Elvira si mise a parlare con un'altra donna, e Mara tornò a guardarsi intorno. A due passi di distanza Arnaldo la fissava. Mara gli sorrise:

«Sei diventato un giovanotto», gli disse.

«Ti ricordi di quella volta?» fece Arnaldo.

«Già. Non c'eravamo più rivisti, da allora. Che cosa fai? Lavori?»

«Wie?», fragte der Vater. «Aber nein doch, mein Kind. Wohin sollte ich denn gehen?»

«Ich meine nur, wenn wir im Gerichtssaal sind, dann sprich nicht wie sonst mit diesem und jenem.»

Der Vater sah sie an. Er nahm ihre Hand.

«Sei unbesorgt, mein Kind.»

Im Gerichtssaal trafen sie viele Leute aus Volterra, unter ihnen Elvira, Lidori und Arnaldo.

Der Käfig war noch leer, ebenso die Bank der Richter und die Tische der Anwälte. Jenseits des Absperrgeländers waren nur zwei Carabinieri.

Nach dem ersten Durcheinander fand sich Mara neben Elvira wieder.

«Wann geht es los?», fragte sie, nur um etwas zu sagen.

«Eben war der Anwalt hier. Er hat gesagt, dass es wohl nicht vor zehn anfangen wird.»

«Avvocato Raffaeli?»

«Nein, der andere … dieser Sizilianer.»

«Ach so, Paternò.» Er war ihr sympathisch. Paternò verschanzte sich nicht hinter leeren Redensarten, er nannte die Dinge beim Namen, verbarg nichts.

Plötzlich fiel ihr ein, dass sie sie nach der Mutter fragen musste.

«Und deiner Mama … wie geht es ihr?»

«Nicht besonders gut», antwortete Elvira. «Sie wäre gern gekommen, aber wir haben es nicht gewollt … Es hätte sie zu sehr mitgenommen, meinst du nicht?»

Dann unterhielt Elvira sich mit einer anderen Frau, und Mara sah sich wieder um. Zwei Schritte von ihr entfernt starrte Arnaldo sie an. Mara lächelte ihm zu:

«Du bist ein junger Mann geworden», sagte sie zu ihm.

«Erinnerst du dich noch an damals?», entgegnete Arnaldo.

«Ja. Wir haben uns seitdem nicht mehr gesehen. Was machst du? Arbeitest du?»

«No. Studio», rispose Arnaldo.

«Studi?» disse Mara sorpresa.

«Frequento l'ultimo anno della Scuola d'Arte.»

«Ah.» Ma non sapeva bene di che si trattasse, così dopo un po' gli chiese: «E poi, che cosa farai?»

«Come, che cosa farò? Lo scultore. Studio appunto per imparare il mestiere.»

«E stamani, non avevi scuola?»

«Stamani, sono voluto venire ...»

Di lì a un po', Mara gli chiese:

«Quanti anni hai?»

«Diciotto.»

«Già, è vero, ne hai uno meno di me ... Scommetto che hai già la fidanzata.»

«No ... la fidanzata proprio, non ce l'ho ancora», rispose serio il giovane.

La chiamò il padre:

«Che vuoi fare, figliola? Ripartire stasera, o restare qui fino a domani? Io, per l'appunto, non posso trattenermi ... ma potresti restare con la sorella di Bube, con Lidori ... Loro si trattengono durante tutto il processo.»

«Mah», fece Mara stringendosi nelle spalle.

«Forse è meglio che vieni via con me. Mamma sennò brontola.»

«Sì, forse è meglio.»

La madre non aveva più detto nulla, da quando, un mese prima, c'era stata una terribile scenata. Era accaduto appunto alla vigilia dell'ultimo colloquio con Bube. Prima la madre se l'era rifatta col marito, e poi con lei. «Ma perché non lo lasci perdere quel disgraziato», diceva. Be', era già tanto che non lo chiamasse più delinquente. «Se lui è un disgraziato, vuoi essere una disgraziata anche tu?»

«Nein, ich studiere,» erwiderte Arnaldo.

«Du studierst?», fragte Mara überrascht.

«Ich bin im letzten Jahr der Kunstschule.»

«Aha.» Aber sie wusste nicht recht, um was es sich da handelte, und so fragte sie ihn nach einer Weile: «Und was machst du dann?»

«Wie, was ich dann mache? Bildhauer. Ich studiere, um diesen Beruf zu erlernen.»

«Und heute Morgen, hattest du keine Schule?»

«Heute Morgen wollte ich hierherkommen ...»

Daraufhin fragte Mara ihn nach einer Weile:

«Wie alt bist du?»

«Achtzehn.»

«Genau, du bist ja ein Jahr jünger als ich ... ich wette, du hast schon eine Verlobte.»

«Nein ... so richtig eine Verlobte habe ich noch nicht», antwortete der Junge ernst.

Der Vater rief sie:

«Was willst du machen, mein Kind? Willst du heute Abend zurückfahren oder hierbleiben bis morgen? Ich muss auf jeden Fall fahren ... Aber du könntest mit der Schwester von Bube bleiben, mit Lidori ... Sie sind während des ganzen Prozesses hier.»

«Ich weiß nicht», meinte Mara und zuckte mit den Achseln.

«Vielleicht ist es besser, du kommst mit mir. Sonst murrt Mama.»

«Ja, vielleicht ist es besser.»

Die Mutter hatte nichts mehr gesagt, seit es vor einem Monat eine schreckliche Szene gegeben hatte. Sie fand genau am Vorabend des letzten Gesprächs mit Bube statt. Erst hatte die Mutter sich mit ihrem Mann angelegt, und dann mit ihr. «Warum vergisst du ihn nicht einfach, diesen unglückseligen Menschen.» Nun, es war bereits viel, dass sie ihn nicht Verbrecher nannte. «Wenn schon er ein unglückseliger Mensch ist, willst du deswegen auch ein unglückseliger Mensch wer-

Il padre allora era intervenuto dicendo: «Ma vedrai che lo assolvono. E allora tornerà a essere un cittadino come gli altri.» Il padre diceva così, ma non ci credeva nemmeno lui che lo assolvessero.

Luigi Pulci: Considerazione acuta

Disse la volpe: «Il mondo è fatto a scale:
Vedi compar, chi scende e chi sù sale.»

den?» Da griff der Vater ein und sagte: «Aber, du wirst sehen, dass sie ihn freisprechen. Und dann wird er wieder ein Bürger wie alle anderen.» Der Vater sagte es so, aber auch er glaubte nicht, dass sie ihn freisprechen würden.

Luigi Pulci: Tiefsinnige Bemerkung

Es sprach der Fuchs: «Die Welt ist eine Treppe.
Schau, Freund: der steigt hinab, und der hinauf.»

Giosuè Carducci: Colli toscani

Colli toscani e voi pacifiche selve d'olivi
a le cui ombre chete stetti in pensier d'amore,
tósca vendemmia e tu da' grappi vermigli spumanti
in faccia al sole tra giocondi strepiti,

sole de' giovini anni; ridete a la dolce fanciulla
che Amor mi strappa e rende sposa al toscano cielo;
voi le ridete, e quella che sempre negaronmi i fati
pace d'affetti datele ne l'anima.

Colli, tacete, e voi non susurratele, olivi,
non dirle, o sol, per anche, tu onniveggente, pio,
ch'oltre quel monte giaccion, lei forse aspettando, que' miei
che visser tristi, che in dolor morirono.

Ella ammirando guarda la cima, tremarsi nel cuore
sente la vita e un lieve spirto sfiorar le chiome,
mentre l'aura montana, calando già il sole, d'intorno
al giovin capo le agita il vel candido.

Giosuè Carducci: Toskanische Hügel

Oh Hügel der Toskana, oh friedliche Olivenhaine,
in deren stillem Schatten ich stand und an die Liebe dachte;
oh tuskische Weinlese mit den Purpur versprühenden Trauben
im Angesicht der Sonne unter fröhlichem Lärm;

oh Sonne der Jugendjahre; oh lächelt dem holden Mädchen zu,
das mir der Gott der Liebe nahm und dem toskanischen Himmel
vermählte – lächelt ihr zu, und gebt ihr, was das Schicksal
mir stets versagte: gebt ihrer Seele Liebesfrieden!

Hügel, schweigt! Olivenbäume, flüstert ihr kein Wort!
Sonne, du, wiewohl allsehend, gütige, sag ihr nicht,
dass hinterm Berg die Meinen ruhn und sie vielleicht erwarten,
nachdem sie traurig lebten und im Kummer starben!

Staunend schaut sie zum Gipfel hin, und im bebenden Herzen
fühlt sie das Leben und wie ein Hauch ihr Haar streift:
Der Bergwind. Der umweht, indem die Sonne versinkt,
ihr junges Haupt mit einem schneeweißen Schleier.

Federigo Tozzi: Toppa

Toppa era morto di vecchiaia. Lo trovarono una mattina di febbraio, sotto il carro, nell'aia. Il gelo lo aveva attaccato mezzo ai mattoni; e la pancia, quando Carlo gli ci picchiò la pala che doveva adoprare per sotterrarlo a un olivo, suonò come un tamburo; e fece, perciò, ridere.

Era stato piuttosto cattivo: quando non voleva esser toccato, prima si allontanava; e poi, se non smettevano, si avventava digrignando i denti. Era bastardo e alto un mezzo metro. Aveva quel pelo bianco che vicino alla pelle è giallo, con una macchia nera sopra un orecchio; e perciò gli trovarono quel nome.

Da piccolo, appena slattato, Domenico lo legò al ferro del pozzo; e, quando guaiva, i braccianti avevano l'ordine di pigliarlo a calci.

Poi gli comprò un collare con chiodi d'ottone; un collare che non gli levarono mai altro che mentre lo tosavano.

Egli udiva la sonagliera del cavallo di Domenico quando ancora era al borgo fuor die Porta Camolìa. Allora, esciva nella strada; e cominciava ad abbaiare. Quando il cavallo appariva ad una svolta poco distante dal cancello del podere, si metteva a correre da un punto all'altro della strada. Le persone si tiravano da parte; ma Toppa aveva buttato giù parecchi ragazzi, che non erano stati in tempo.

Quando aveva mangiato, andava invece a correre per i campi, e ci lasciava i segni da per tutto; specie dov'era il grano alto ci restava un solco che si vedeva anche di lontano. Quando seminavano, dovevano prenderlo a sassate perché dove passava

Federigo Tozzi: Fleck

Fleck war an Altersschwäche gestorben. Sie fanden ihn an einem Februarmorgen unter dem Karren in der Tenne. Die eisige Kälte hatte ihn halb an den Ziegelsteinen festgeklebt, und der Bauch klang wie eine Trommel, und deswegen musste Carlo lachen, als er mit der Schaufel, die er brauchte, um ihn bei einem Olivenbaum zu begraben, draufschlug.

Er war ziemlich böse gewesen. Wenn er nicht angefasst werden wollte, ging er erst weg, und dann, wenn sie nicht aufhörten, stürzte er sich mit fletschenden Zähnen auf sie. Er war ein Mischling, einen halben Meter groß, hatte diese weißen Haare, die dicht an der Haut gelb sind, und einen schwarzen Fleck über einem Ohr; darum war ihnen dieser Name für ihn eingefallen.

Als er klein, noch kaum entwöhnt war, band Domenico ihn an der Eisenstange des Brunnens fest, und wenn er jaulte, hatten die Tagelöhner die Anweisung, ihm Fußtritte zu verpassen.

Später kaufte er ihm ein Halsband mit Messingnägeln, ein Halsband, das sie ihm nie abnahmen, außer wenn sie ihn scherten.

Er hörte das Schellenhalsband von Domenicos Pferd, wenn dieser noch im Ort vor der Porta Camolìa war. Dann lief er auf die Straße und fing an zu bellen. Wenn das Pferd in der Kurve beim Tor des Gehöfts auftauchte, rannte er auf der Straße hin und her. Die Leute wichen zur Seite, aber Fleck hatte schon mehrere Kinder umgeworfen, die es nicht rechtzeitig geschafft hatten.

Wenn er allerdings gefressen hatte, rannte er über die Felder und hinterließ überall seine Spuren. Insbesondere da, wo der Weizen hoch war, blieb eine Furche, die man auch von Weitem sah. Wenn sie säten, mussten sie mit Steinen nach ihm werfen, denn dort, wo er drüberlief, musste man

saltando, bisognava rifare il lavoro. Gli piaceva l'uva matura e i fichi anche di più.

Obbediva soltanto a Domenico e a Giacco; degli altri aveva soltanto timore, quando non gli veniva voglia di mordere; come fece una volta a Ghisola che gli era salita a cavallo.

Non c'era nessun altro cane che la potesse con lui; e ne fece morire più d'uno per averli azzannati su la spina dorsale. Due li sbranò perchè erano andati a mangiargli la zuppa nel catino.

Tollerava invece i gatti, purchè non gli andassero vicini. Ma quando stava al sole, non ce li voleva in nessun modo: teneva, allora, un occhio chiuso e un altro aperto: ne apriva uno e ne chiudeva un altro. All'improvviso, faceva un balzo con un abbaio che stordiva.

die Arbeit noch mal machen. Er liebte reife Trauben, Feigen noch mehr.

Er gehorchte nur Domenico und Giacco. Vor den anderen hatte er nur Angst, wenn ihn keine Beißlust ankam, wie er es einmal bei Ghisola machte, die sich rittlings auf ihn gesetzt hatte.

Kein anderer Hund konnte es mit ihm aufnehmen; mehr als einen hatte er mit einem Biss in die Wirbelsäule umgebracht. Zwei zerfleischte er, weil sie ihm die Suppe aus dem Blechnapf fressen wollten.

Katzen dagegen duldete er, vorausgesetzt, sie kamen ihm nicht zu nahe. Wenn er allerdings in der Sonne lag, konnte er sie überhaupt nicht vertragen. Dann hielt er ein Auge geschlossen und das andere offen, das heißt, er öffnete eins und schloss das andere. Und plötzlich machte er unter ohrenbetäubendem Gebell einen Satz.

Aldo Palazzeschi: L'incendiario

A F. T. Marinetti anima
della nostra fiamma

In mezzo alla piazza centrale
del paese,
è stata posta la gabbia di ferro
con l'incendiario.
Vi rimarrà tre giorni
perché tutti lo possano vedere.
Tutti si aggirano torno torno
all'enorme gabbione,
durante tutto il giorno,
centinaia di persone.
– Guarda un pochino dove l'hanno messo!
– Sembra un pappagallo carbonaio.
– Dove lo dovevano mettere?
– In prigione addirittura.
– Gli sta bene di far questa bella figura!
– Perché non gli avete preparato
un appartamento di lusso,
così bruciava anche quello!
– Ma nemmeno tenerlo in questa gabbia!
– Lo faranno morire dalla rabbia!
– Morire! È uno che se la piglia!
– È più tranquillo di noi!
– Io dico che ci si diverte.
– Ma la sua famiglia?
– Chi sa da che parte di mondo è ventuo!
–Questa robaccia non ha mica famiglia!
– Sicuro, è roba allo sbaraglio!
– Se venisse dall'inferno?
– Povero diavolaccio!
– Avreste anche compassione?

Aldo Palazzeschi: Der Brandstifter

F.T. Marinetti gewidmet,
der Seele unseres Feuers

Mitten auf dem Marktplatz
des Dorfes
hatte man den eisernen Käfig gestellt
mit dem Brandstifter.
Dort wird er drei Tage bleiben,
damit ihn alle sehen.
Rundherum gehen sie
um diesen riesengroßen Käfig,
den ganzen Tag lang
Hunderte von Menschen.
«Schau mal, wo die den aufgestellt haben!»
«Der sieht ja aus wie ein kohlschwarzer Papagei!»
«Wo hätten sie denn sonst mit ihm hinsollen?»
«Gleich ins Gefängnis.»
«Geschieht ihm ganz recht, jetzt hier so zu stehen!»
«Warum habt ihr ihm denn kein
Luxusapartment bereitgestellt,
das hätte er dann auch noch anzünden können!»
«Aber ihn in diesen Käfig sperren!»
«Vor lauter Wut stirbt er noch!»
«Sterben! So einer denkt sich doch nichts dabei!»
«Der ist ruhiger als wir!»
«Ich glaube, das gefällt ihm sogar.»
«Aber seine Familie?»
«Wer weiß schon, aus welcher Ecke der Welt der kommt!»
«Solche Lumpen haben doch keine Familie!»
«Na klar, das ist ein richtiger Strolch!»
«Und wenn er aus der Hölle käme?»
«Armer Teufel!»
«Hättet Ihr dann auch Mitleid?

Se v'avesse bruciata la casa
non direste così.
– La vostra l'ha bruciata?
– Se non l'ha bruciata
poco c'è corso.
– Ha bruciato mezzo mondo
questo birbaccione!
– Almeno, vigliacchi, non gli sputate addosso,
infine è una creatura!
– Ma come se ne sta tranquillo!
– Non ha mica paura!
– Io morirei dalla vergogna!
– Star lì in mezzo alle berlina!
– Per tre giorni!
– Che gogna!
– Dio mio che faccia bieca!
– Che guardatura da brigante!
– Se non ci fosse la gabbia
io non ci starei!
– Se a un tratto si vedesse scappare?
– Ma come deve fare?
– Sarà forte quella gabbia?
– Non avesse da fuggire!
– Dai vani dei ferri non potrà passare?
Questi birbanti si sanno ripiegare
in tutte le maniere!
– Che bel colpo oggi la polizia!
–Se non facevan presto a accaparrarlo,
ci mandava tutti in fumo!
– Si meriterebbe altro che berlina!
– Quando lo hanno interrogato,
ha risposto ridendo
che brucia per divertimento.
– Dio mio che sfacciato!
– Ma che sorta di gente!

Wenn er euer Haus angezündet hätte,
würdet ihr nicht so reden.»
«Hat er denn eures angezündet?»
«Er hat es nicht angezündet,
viel hat aber nicht gefehlt!»
«Der hat doch die halbe Welt angezündet,
dieser Schurke!»
«Ihr Feiglinge, spuckt ihn wenigstens nicht an,
er ist schließlich ein menschliches Wesen!»
«Aber wie ruhig der da steht!»
«Der hat doch keine Angst!»
«Ich würde mich zu Tode schämen!»
«Hier zur Schau gestellt zu werden!»
«Drei Tage lang!»
«Was für eine Strafe!»
«Mein Gott, hat der ein finsteres Gesicht!»
«Was für ein Gaunerblick!»
«Wenn der Käfig nicht wäre,
würde ich hier nicht stehen!»
«Wenn man plötzlich sähe, wie der abhaut?»
«Wie soll er das denn machen?»
«Ob der Käfig stabil ist?»
«Dann könnte er ja gar nicht fliehen!»
«Passt der durch die Eisenstäbe nicht durch?
Solche Schurken können sich ungeheuer gut
in alle Richtungen biegen!»
«Da hat die Polizei ja heute gute Beute gemacht!»
«Wenn sie ihn nicht so schnell erwischt hätten,
dann hätte er uns alle noch in Rauch aufgehen lassen!»
«Der verdient ganz was anderes, als das Gespött der Leute!»
«Als sie ihn verhört haben,
hat er gelacht und gesagt,
dass er aus Spaß Feuer legt.»
«So eine Frechheit!»
«Was sind das nur für Menschen!»

– Io lo farei volentieri a pezzetti.
– Buttatelo nel fosso!
– Io gli voglio sputare
un' altra volta addosso!
– Se bruciassero un po' lui
perché ridesse meglio!
– Sarebbe la fine che si merita!
– Quando sarà in prigione scapperà,
è talmente pieno di scaltrezza!
– Peggio d'una faina!
– Non vedete che occhi che ha?
– Perché non lo buttano in un pozzo?
– Nel cisternone del comune!
– E ci sono di quelli
che avrebbero pietà!
– Bisogna esser roba poco pulita
per aver compassione
di questa sorta di persone!

Largo! Largo! Largo!
Ciarpame! Piccoli esseri
dall'esalazione di lezzo,
fetido bestiame!
Ringollatevi tutti
il vostro sconcio pettegolezzo,
e che vi strozzi nella gola!
Largo! Sono il poeta!
Io vengo di lontano,
il mondo ho traversato,
per venire a trovare
la mia creatura da cantare!
Inginocchiatevi marmaglia!
Uomini che avete orrore del fuoco,
poveri esseri di paglia!
Inginocchiatevi tutti!

«Ich würde ihn liebend gern in Stücke reißen!»
«Schmeißt ihn doch in den Graben!»
«Ich würde ihn am liebsten
noch mal anspucken!»
«Man sollte ihn ein bisschen anzünden,
damit er besser lachen kann!»
«Dieses Ende hätte er verdient!»
«Wenn der im Gefängnis sitzt, haut er ab,
so gerissen ist der!»
«Mehr noch als ein Marder!»
«Seht ihr nicht, was der für Augen hat?»
«Warum werfen sie ihn nicht in einen Brunnen?»
«In die große Zisterne der Gemeinde!»
«Und dann gibt es noch welche,
die Mitleid haben!»
«Da muss man ja ganz schön gewissenlos sein,
wenn man mit so einer
Art Mensch Mitleid hat!»

Platz da! Platz da! Platz da!
Mieses Pack! Ihr niedrigen,
stinkenden Wesen,
übelriechendes Vieh!
Hört auf
mit eurem unflätigen Geschwätz,
das euch im Halse stecken bleiben soll!
Platz da! Ich bin der Dichter!
Ich komme von weit her,
bin durch die ganze Welt gefahren,
um hierherzukommen
zu meinem Geschöpf, das ich besingen möchte!
Kniet nieder, Gesindel!
Ihr Menschen mit Furcht vor dem Feuer,
ihr armen Strohköpfe!
Kniet alle nieder!

Io sono il sacerdote,
questa gabbia è l'altare.
quell'uomo è il Signore!

Modi di dire

È MEGLIO UN MORTO IN CASA CHE UN PISANO ALL'USCIO
Frase che ricorda le antiche rivalità fra le due Repubbliche di Firenze e Pisa.

NON CI HO MICA SCRITTO GIOCONDO *(Frase che si dice indicando col dito la fronte per non essere presi per scemi)*
I maliziosi contemporanei del 1500 si riferivano alle presunte corna del mercante fiorentino Francesco Bartolomeo del Giocondo, la cui bellissima moglie «Monna Lisa», col permesso del marito, sembra facesse sovente da modella a diversi pittori.

FARE COME I LADRI DI PISA *Di giorno bisticciano e si prendono a botte e di notte fanno baldoria assieme.*

Ich bin der Priester,
dieser Käfig ist der Altar,
dieser Mensch ist der Herr!

Redensarten

BESSER EINEN TOTEN IM HAUS, ALS EINEN PISANER AUF DER SCHWELLE *Bemerkung, die an die alte Gegnerschaft zwischen den Republiken Florenz und Pisa erinnert.*

HIER STEHT DOCH NICHT GIOCONDO GESCHRIEBEN *(Eine Äußerung, bei der man gleichzeitig mit dem Zeigefinger an die Stirn tippt, um nicht für dumm gehalten zu werden) Die klatschsüchtigen Zeitgenossen im 16. Jahrhundert bezogen sich auf die vermuteten «Hörner» des florentinischen Kaufmanns Francesco Bartolomeo del Giocondo, dessen bildschöne Gattin, Mona Lisa, öfter mit seiner Erlaubnis bei verschiedenen Malern Modell stand.*

SICH AUFFÜHREN WIE DIE DIEBE VON PISA *Am Tage streiten und prügeln sie sich, und in der Nacht treffen sie sich, um lärmend zu feiern.*

Giovanni Boccaccio: Messer Forese e maestro Giotto

Messer Forese da Rabatta e maestro Giotto dipintore, venendo di Mugello, l'uno la sparuta apparenza dell'altro motteggiando morde.

Come Neifile tacque, avendo molto le donne preso di piacere della risposta di Chichibio, cosí Panfilo per volere della reina disse:

– Carissime donne, egli avviene spesso che, sí come la fortuna sotto vili arti alcuna volta grandissimi tesori di vertú nasconde, come poco avanti per Pampinea fu mostrato, cosí ancora sotto turpissime forme d'uomini si truovano maravigliosi ingegni dalla natura essere stati riposti. La qual cosa assai apparve in due nostri cittadini de'quali io intendo brievemente di ragionarvi: per ciò che l'uno, il quale messer Forese da Rabatta fu chiamato, essendo di persona piccolo e isformato, con viso piatto e ricagnato che a qualunque de' Baronci più trasformato l'ebbe sarebbe stato sozzo, fu di tanto sentimento nelle leggi, che da molti valenti uomini uno armario di ragione civile fu reputato; e l'altro, il cui nome fu Giotto, ebbe uno ingegno di tanta eccellenzia, che niuna cosa dà la natura, madre di tutte le cose e operatrice col continuo girar de'cieli, che egli con lo stile e con la penna o col pennello non dipignesse sí simile a quella, che non simile, anzi più tosto dessa paresse, in tanto che molte volte nelle cose da lui fatte si truova che il visivo senso degli uomini vi prese errore, quello credendo esser vero che era dipinto. E per ciò, avendo egli quell'arte ritornata in luce, che molti secoli sotto gli error d'alcuni, che più a dilettar gli occhi degl'ignoranti che a compiacere allo 'ntelletto de' savi dipignendo, era stata sepulta, meritamente una delle luci della fiorentina gloria dir si puote; e tanto più, quanto con maggiore umiltà, maestro degli

Giovanni Boccaccio: Messer Forese und Meister Giotto

Messer Forese da Rabatta und Meister Giotto, der Maler, die, aus Mugello zurückkehrend, sich gegenseitig wegen ihrer mickrigen Erscheinung beißend verspotten.

Als Neifile schwieg und die Frauen großen Gefallen an der Antwort des Chichibio gefunden hatten, sagte also Panfilo auf Wunsch der Königin:

Liebwerteste Damen, so wie zuweilen das Glück unter einem bescheidenen Gewerbe manchmal größte Schätze an Tugend verbirgt, wie kurz zuvor bei Pampinea gezeigt wurde, geschieht es oft, dass sich hinter äußerst hässlichen menschlichen Gestalten auch als Antwort der Natur wunderbare Geistesgaben finden. Dies trifft genau auf zwei unserer Bürger zu, von denen ich euch gleich zu erzählen gedenke: Der eine, er hieß Messer Forese da Rabatta, war von so kleinem und missgestaltetem Wuchs und hatte ein so plattgedrücktes Gesicht, dass jeder der Familie Baronci es für eine Schmach gehalten haben würde, mit ihm zu tauschen. Doch hatte er ein solches Wissen in Gesetzesfragen, dass er bei vielen tüchtigen Menschen den Ruf eines Ausbundes an Rechtsgelehrsamkeit hatte. Der andere, mit dem Namen Giotto, verfügte über ein derart ausgezeichnetes Talent, dass die Natur – Mutter aller Dinge, die durch fortwährendes Kreisen der Himmel die Welt in Gang hält – nichts hervorbringt, was er mit Griffel, Feder oder Pinsel ihr nicht so ähnlich zu malen gewusst hätte, dass es nicht nur ähnlich, sondern als die Sache selbst erschien, und dass bei seinen Werken das Sehvermögen der Menschen oft irrte und für wirklich hielt, was gemalt war. Deswegen kann man ihn mit Recht als einen der Sterne des florentinischen Ruhms bezeichnen, da er jene Kunst wieder ins Licht gerückt hat, die viele Jahrhunderte begraben war unter den Irrtümern jener, die, anstatt durch ihr Malen das Verständnis Wissender zu befriedigen, eher die Augen Un-

altri in ciò, vivendo quella acquistò, sempre rifiutando d'esser chiamato maestro. Il qual titolo rifiutato da lui tanto più in lui risplendeva, quanto con maggior disidero da quegli che men sapevan di lui o da' suoi discepoli era cupidamente usurpato. Ma quantunque la sua arte fosse grandissima, non era egli per ciò né di persona né d'aspetto in niuna cosa più bello che fosse messer Forese. Ma alla novella venendo, dico.

Avevano in Mugello messer Forese e Giotto lor possessioni; e essendo messer Forese le sue andate a vedere, in quegli tempi di state che le ferie si celebran per le corti, e per avventura in su un cattivo ronzin da vettura venendosene, trovò il già detto Giotto, il quale similmente avendo le sue vedute se ne tornava a Firenze; il quale né in cavallo né in arnese essendo in cosa alcuna meglio di lui, sí come vecchi a pian passo venendosene insieme s'accompagnarono.

Avvenne, come spesso di state veggiamo avvenire, che una subita piova gli sopraprese: la quale essi, come più tosto poterono, fuggirono in casa d'un lavoratore amico e conoscente di ciascheduno di loro. Ma dopo alquanto, non faccendo l'acqua alcuna vista di dover ristare e costoro volendo essere il dí a Firenze, presi dal lavoratore in prestanza due mantellacci vecchi di romangnuolo e due cappelli tutti rosi dalla vecchiezza, per ciò che migliori non v'erano, cominciarono a camminare.

Ora, essendo essi alquanto andati e tutti molli veggendosi e per gli schizzi che i ronzini fanno co'piedi in quantità zaccherosi, le quali cose non sogliono altrui accrescer punto d'orrevolezza, rischiarandosi alquanto il tempo, essi, che lungamente erano venuti taciti, cominciarono a ragionare. E messer Forese, cavalcando e ascoltando Giotto, il quale bellissimo favellatore era, cominciò a considerarlo e da lato e da capo e per tutto, e veggendo ogni cosa cosi disorrevole e cosi disparuto,

wissender erfreuten. Als Meister all derer, die diesen Beruf ausübten, erwarb er sich umso mehr diesen Ruhm, da er es immer mit größter Bescheidenheit ablehnte, Meister genannt zu werden. Die von ihm abgelehnte Bezeichnung erstrahlte umso mehr an ihm, je mehr diejenigen, die weniger als er oder seine Schüler konnten, darauf erpicht waren, sie sich anzumaßen. Doch so groß seine Kunst auch war, so war er in Gestalt und Gesicht keineswegs schöner als Messer Forese. Um nun aber auf meine Geschichte zu kommen, sage ich:

Messer Forese und Giotto hatten beide ihre Besitzungen in Mugello. Messer Forese war im Sommer, zurzeit der Gerichtsferien, dorthin gereist, um nach dem Rechten zu sehen, und als er zufällig auf einem klapprigen Droschkengaul gerade zurückritt, traf er den besagten Giotto, der ebenfalls von seinem Besitz nach Florenz zurückkehrte, wobei sein Pferd und seine Kleidung um nichts besser waren. Gemächlichen Schrittes, wie es sich für ältere Leute geziemt, setzten sie zusammen ihre Reise fort.

Da geschah es, wie man es im Sommer oft erlebt, dass ein plötzlicher Regen sie überraschte, sodass sie sich, so schnell sie konnten, in das Haus eines Arbeiters flüchteten, der mit beiden befreundet und bekannt war. Weil es aber nach einer Weile nicht so aussah, als würde der Regen aufhören, und beide noch bei Tage in Florenz ankommen wollten, liehen sie sich von dem Arbeiter zwei alte Mäntel, wie man sie in der Romagna trägt, und zwei abgetragene alte Hüte – bessere gab es nicht – und machten sich auf den Weg.

Als sie eine Weile geritten und inzwischen völlig durchnässt waren, auch von den Pferdehufen mit Schmutz bespritzt, was einen nicht gerade würdevoller aussehen lässt, und als das Wetter sich etwas aufhellte, begannen sie, nachdem sie lange geschwiegen hatten, sich zu unterhalten. Messer Forese ritt nur vor sich hin und hörte Giotto zu, der ein trefflicher Plauderer war, und musterte ihn von der Seite von Kopf bis Fuß. Da er alles an ihm so unwürdig und mick-

senza avere a sé niuna considerazione, cominciò a ridere e disse: «Giotto, a che ora venendo di qua alla 'ncontro di noi un forestiere che mai veduto non t'avesse, credi tu che egli credesse che tu fossi il migliore dipintore del mondo, come tu se'?»

A cui Giotto prestamente rispose: «Messere, credo che egli il crederebbe allora che, guardando voi, egli crederebbe che voi sapeste l'abicì».

Il che messer Forese udendo il suo error riconobbe, e videsi di tal moneta pagato, quali erano state le derrate vendute.

Modi di dire

QUANDO IL LEONE PISCIA IN ARNO È ACQUA. *Se la banderuola della torre di Palazzo Vecchio, raffigurante un leone rampante, in base al vento è rivolta verso l'Arno … indica pioggia.*

SEMBRARE IL PONTE VECCHIO *Il Ponte Vecchio sull'Arno a Firenze è famoso in tutto il mondo per le sue belle botteghe d'oreficeria. Le donne troppo ingioiellate vengono perciò paragonate a questo ponte.*

rig fand, und nicht bedachte, welche Figur er selber abgab, begann er zu lachen und sagte: «Giotto, wenn uns jetzt ein Fremder begegnete, der dich noch nie gesehen hat, meinst du, er würde glauben, dass du der beste Maler der Welt bist – und der bist du doch?»

Worauf Giotto prompt antwortete: «Messere, ich glaube wohl, dass er das glauben würde, falls er, nachdem er Euch angesehen, glaubte, dass Ihr das Abc beherrscht.»

Als Messer Forese dies hörte, erkannte er seinen Fehler und sah sich mit einer Münze bezahlt, die der von ihm verkauften Ware entsprach.

Redensarten

WENN DER LÖWE IN DEN ARNO PINKELT, GIBT'S WASSER *Wenn die Windfahne des Turms des Palazzo Vecchio, die einen auf den Hinterbeinen stehenden Löwen darstellt, in Richtung Arno zeigt, wird es regnen.*

AUSSEHEN WIE DER PONTE VECCHIO *Der Ponte Vecchio am Arno in Florenz ist in der ganzen Welt berühmt für seine Goldschmiedeläden. Mit allzu viel Schmuck behängte Frauen werden deswegen mit dieser Brücke verglichen.*

Emilio Cecchi: La Serpe

La notte aveva fatto temporale, ed ora il verde della campagna era d'una luce più smagliante. La ghiaia brillava sugli argini. Cosparso della sottile rena dell'alluvione, il fondo delle strade era liscio e sonoro, e rendeva più agile la nostra corsa. La macchina infilava stretti passaggi, fra muraglie di tufo, dentro i quali l'aria aveva un soffio di cantina. E all'uscita di questi neri corridoi, ogni volta la luce del paesaggio ci inondava come una cateratta. Era una specie di gloriosa aspersione; e, abbagliati e gocciolanti, subito ci si ritrovava dentro un altro di quei tunnel di pietra e di muffa.

Si cercava una villa, famosa e misteriosa, che da tempo ci eravamo promessi di visitare. Vagamente ce l'avevano descritta, cinta di divieti, in un parco immenso. All'ultima fermata, dinanzi alla bottega d'un villaggio, ci avevano ripetuto, sempre in confuso, che ormai doveva essere vicina. Ma quanto più ci accostavamo, più essa sembrava allontanarsi: e, cosi inafferrabile, assumeva alla nostra fantasia qualcosa d'irreale.

A una curva improvvisa, una specie di frusta guizzò da un lato della macchina, che slittava al brusco richiamo dei freni. Fermammo, senza aver capito che cosa fosse successo. Si scese e si tornò indietro alcuni passi. Travolta da una delle ruote, una lunga serpe furiosamente si dibatteva, dove una cuna di sabbia con qualche filo d'erba dava al terreno la dolcezza d'un greto fluviale. Fosse una naturale pietà per la creatura, ignara, piena di vita, e che, senza volere, avevamo ridotto a quell'agonia: fosse l'incanto, orrido e inesplicabile, che la figura

Emilio Cecchi: Die Schlange

In der Nacht hatte es ein Gewitter gegeben, und jetzt zeigte sich das Grün der Landschaft in einem noch stärker funkelnden Licht. Der Schotter glänzte an den Ufern. Der Belag der Straßen, von der Wasserflut mit feinem Sand überspült, war glatt und hörte sich gut an und machte unsere Fahrt flotter. Der Wagen schlüpfte durch enge Durchfahrten zwischen Tuffsteinmauern, wo die Luft einen Hauch von Kellergeruch hatte. Am Ende dieser schwarzen Gänge überflutete uns jedes Mal das Licht der Landschaft wie ein Wasserfall. Es war eine Art glorreiches Besprengen; und sogleich befand man sich, geblendet und tropfend, wieder in einem anderen dieser Tunnel aus Stein und Schimmel.

Wir suchten eine berühmte geheimnisvolle Villa, die zu besuchen wir uns seit langer Zeit vorgenommen hatten. Man hatte sie uns vage beschrieben: sie stehe hinter einem Schutzwall von Verboten in einem riesigen Park. Beim letzten Halt vor dem Dorfladen sagte man uns wieder, immer noch vage, dass sie jetzt ganz nah sein müsse. Aber je mehr wir ihr uns näherten, desto weiter schien sie sich zu entfernen, und so unerreichbar, wie sie war, bekam sie in unserer Phantasie etwas Unwirkliches.

In einer plötzlichen Kurve schnellte etwas wie eine Peitsche an eine Seite unseres Autos, das durch das ruckartige Bremsen rutschte. Wir hielten an, ohne begriffen zu haben, was geschehen war, stiegen aus und gingen einige Schritte zurück. Dort, wo eine Sandmulde mit ein paar Grashalmen der Erde die Sanftheit eines Flusskiesbetts gab, schlug eine von einem der Räder überfahrene lange Schlange wild um sich. War es natürliches Mitleid für das ahnungslose, von Leben erfüllte Geschöpf, das wir, ohne es zu wollen, in diesen Todeskampf versetzt hatten, oder war es der schreckliche, unerklärliche Zauber, den das Bild der Schlange immer auf Ein-

del serpe esercita sempre sulla immaginazione e il sentimento, sta il fatto che tutti ci raccogliemmo intorno all'animale, umiliati di non poter fargli nulla: e chini, quasi rattenendo il fiato, si stava a guardarlo morire.

La ruota l'aveva ferito circa a metà della lunghezza, su un fianco. E dallo squarcio era traboccata una massa di visceri nericci e sanguinosi. Impazzita dal dolore, la serpe flagellava i ciottoli e l'erba. Si fermava a rifiatare; s'annodava sopra se stessa; eppoi scattava in aria, fulminea, con una più rabbiosa esplosione. In quel gioco di linee, in quella convulsa musica di movimenti, ora quasi supplichevoli, ora rotti da un'ira infernale, la cosa più trista era il nero sacco dei visceri che ciondolava dalla bella forma, anche nel delirio così esatta e armoniosa.

A un certo punto, la serpe s'arrovesciò tutta, e biancheggiava a pancia all'aria sulla terra fradicia. Impotente a risollevarsi, cercava pure di darsi l'atto, ma sempre più spossata. Finché si raccolse in uno sforzo supremo. Puntava contro un sasso il capino riverso: e nella gola il respiro batteva fitto fitto. Si inarcava penosamente, scivolava, e con le sue squame ritentava di afferrarsi alle rughe del suolo. Sussulti d'energia percorrevano il corpo supino. E non so perché, la tensione del corpo arrovesciato faceva pensare a un grido acutissimo, un grido che passasse attraverso il nostro sguardo. Infine, ripiombò giù, e per qualche istante sembrò morta. Ma come la toccammo, riprendeva a tremare, d'un tremito fioco, paralitico.

La tirammo pian piano sul ciglio della strada, perché fosse fuori del transito. E ci rimettemmo in marcia ...

bildung und Gefühl ausübt? Tatsache ist, dass wir alle um das Tier herumstanden, beschämt, nichts für es tun zu können. Gebeugt, fast den Atem anhaltend, sahen wir ihm beim Sterben zu.

Das Rad hatte sie etwa in der Hälfte ihrer Länge auf einer Seite verletzt, und durch die klaffende Wunde war eine Masse schwärzlicher, blutiger Eingeweide herausgequollen. Verrückt vor Schmerz peitschte die Schlange auf die Kieselsteine und das Gras. Sie hielt inne, um nach Luft zu schnappen; sie verknotete sich über sich selbst, dann schnellte sie mit einem wütenden Aufbegehren wie ein Blitz in die Luft. In diesem Linienspiel, in dieser wirren Musik von Bewegungen, bald beinahe flehend, bald von höllischem Zorn unterbrochen, war das traurigste der schwarze Beutel von Eingeweiden, der aus der schönen Form heraushing, die selbst im Delirium so vollkommen war.

In einem bestimmten Augenblick drehte die Schlange sich vollständig um und leuchtete mit ihrem weißen, nach oben gewandten Bauch auf der von Nässe durchtränkten Erde. Unfähig, sich wieder aufzurichten, versuchte sie sich doch zu bewegen, aber sie wurde immer matter. Bis sie sich mit größter Kraftanstrengung wieder zusammenraffte. Sie stützte ihr Köpfchen rücklings gegen einen Stein, und in ihrer Kehle pochte heftig der Atem. Sie krümmte sich mühsam, rutschte ab und versuchte sich mit ihren Schuppen wieder an den unebenen Boden zu klammern. Zuckungen durchliefen den auf dem Rücken liegenden Körper. Ich weiß nicht, warum, aber die Spannung des umgedrehten Körpers ließ an einen spitzen Schrei denken, einen Schrei, der durch unseren Blick ging. Schließlich fiel sie wieder in sich zusammen und sah für einige Augenblicke wie tot aus. Doch als wir sie berührten, fing sie wieder an zu zittern, ein mattes, schwaches Zittern.

Ganz vorsichtig zogen wir die Schlange an den Rand der Straße, damit sie aus dem Verkehr war, und fuhren wieder weiter …

Il punto dove avevamo fatto l'incontro era facile a ricordare. Ma cercammo di stamparcelo bene in mente, con l'intenzione di vedere, al ritorno, se la serpe si fosse più mossa ...

Non avevamo dimenticato il nostro appuntamento. E sulla via del ritorno, si stava attenti a riconoscere il punto designato. Ed ecco, proprio quello: con il declivio di sabbia, come un'insenatura. Ogni cosa era a posto, come s'era lasciata. Ma la serpe non c'era più. Prima la cercammo con affettuosa preoccupazione, per timore che qualche cattivo, trovatala cosi malconcia, l'avesse sfregiata ancora, e finita. Poi nella nostra ricerca entrò un certo puntiglio. Si tentava qua e là, bussando, sugli arbusti delle siepi, scostando le foglie del rigagnolo; finché uno la scorse; ma sul primo fu difficile a distinguere, tanto era immedesimata alle cose.

Al riparo d'una frasca, nel refrigerio dell'erba, ferma ferma ci fissava dagli occhietti neri che foravano l'ombra. I suoi colori e le sue macchie si confondevano con quelli dei detriti e del suolo. Ma la sentivamo rivivere col fresco e sommesso risalto d'una felicità nuova. E si sarebbe detto ch'era un'altra, intatta, nata ora. Mischiata alle cose; ma anche piantata in sé, con l'innocente rigore d'un simbolo. Si capiva perché, oltre a significati perfidi e luttuosi, ed anzi in rapporto ad essi, l'avessero sempre associata alle idee della salute, della immortalità e della saggezza.

Ed infine cominciò a muoversi; ma non ce ne saremmo accorti, se non era il sordo brulicare che si diffondeva intorno, tra i fili dell'erba, dall'impercettibile attrito delle squame: quel brulicare che al passaggio d'un rettile, fa sembrare che essa stessa la terra formicoli e tremi.

Die Stelle, an der wir die Begegnung hatten, war leicht zu merken, aber wir versuchten sie uns besonders genau einzuprägen, um auf der Rückfahrt zu sehen, ob die Schlange sich noch bewegt hätte …

Wir hatten unser Vorhaben nicht vergessen und passten auf dem Rückweg auf, um die bezeichnete Stelle wiederzuerkennen. Da, ja genau da, wo der Sand wie in einer Einbuchtung abfiel, war die Stelle. Alles war genau so, wie wir es verlassen hatten. Aber die Schlange war nicht mehr da. Erst suchten wir sie in liebevoller Sorge, aus Angst, irgendein Böswilliger hätte sie, da er sie in so schlechtem Zustand fand, noch schlimmer zugerichtet und ihr ein Ende bereitet. Nun bekam unsere Suche eine gewisse Hartnäckigkeit. Wir versuchten es hier und da, klopften auf die Heckenbüsche und entfernten die Blätter aus dem Bächlein – bis einer sie entdeckte. Es war erst schwierig, sie auszumachen, so hatte sie sich den Dingen angeglichen.

Im Schutz eines Zweiges, in der Kühle des Grases, starrte sie uns ganz still mit ihren schwarzen, den Schatten durchbohrenden Äuglein an. Ihre Farben und ihre Flecken vermischten sich mit denen des Schuttes und des Bodens. Aber mit einem frischen leisen neuen Glücksgefühl sahen wir sie wieder aufleben. Man hätte meinen können, dass es sich um eine andere handelte, eine unversehrte, soeben geborene; inmitten der Dinge, aber auch in sich verwurzelt mit der unschuldigen Strenge eines Symbols. Man verstand, warum sie – außer mit heimtückischen und tödlichen Bedeutungen, ja geradezu in Verbindung mit ihnen – immer mit der Idee der Gesundheit, Unsterblichkeit und Weisheit in Zusammenhang gebracht wurde.

Schließlich fing sie an, sich zu bewegen. Wir hätten es nicht gemerkt, wenn nicht durch die nicht wahrnehmbare Reibung der Schuppen an den Grashalmen ein geräuschloses Gewimmel entstanden wäre, das sich ringsherum ausbreitete: so ein Gewimmel, das immer, wenn ein Reptil vorbeizieht, den Eindruck erweckt, als würde die Erde selber kribbeln und zittern.

A cerchi sempre più labili, il fremito pareva comunicarsi a tutta la campagna. Tranquilla, con la sua piaga, la serpe salì la proda del fosso. Leggiadramente inarcò il collo a esplorare. Quando ancora guardammo, era scamparsa.

Giovanni Pascoli: Sera d'ottobre

Lungo la strada vedi su la siepe
ridere a mazzi le vermiglie bacche:
nei campi arati tornano al presepe
tarde le vacche.

Vien per la strada un povero che il lento
passo tra foglie stridule trascina:
nei campi intuona una fanciulla al vento:
Fiore di spina! ...

In schwächer werdenden Kreisen schien das Vibrieren sich der gesamten Landschaft mitzuteilen. Ruhig erklomm die Schlange mit ihrer Wunde den Grabenrand. Sie bog anmutig den Hals und sah sich forschend um. Als wir noch einmal hinsahen, war sie verschwunden.

Giovanni Pascoli: Oktoberabend

An den Hecken entlang der Straße siehst du
Sträußchen leuchtend rötlicher Beeren lächeln.
Von bestellten Äckern kommen die Rinder
träge nach Hause.

Auf der Straße naht sich ein armer Teufel
langsam schlurfend durch das Blättergeraschel.
Horch, im Wind: vom Acker her singt ein Mädchen
«Dornige Blume …»

Un brano dal primo capitolo prima della revisione
Due uomini stavano uno rimpetto all'altro ai due capi della strada: uno seduto a cavalcioni sul muricciuolo con l'un piede appoggiato sul terreno della strada e l'altro penzoloni giù lungo il muro, l'altro in piedi appoggiato al muro con una gamba sopra l'altra, e le braccia incrocicchiate sotto le ascelle. L'abito e il portamento non lasciavano dubbio della loro professione. Avevano entrambi una reticella verde in capo la quale cadeva su una spalla terminata in un gran fiocco di seta: due grandi mustacchi inanellati all'estremità, il lembo del farsetto coperto e avviluppato da una cintura lucida di cuojo, ripiena di cartoccini di polvere, ed alla quale erano appese due pistole con uncini: un picciol corno ripieno di polvere appeso al collo come i vezzi delle signore: alla parte destra delle larghe e gonfie brache una tasca donde usciva un manico di coltellaccio, due legacce rosse al di sotto del ginocchio a un dipresso come i cavalieri della giarrettiera: uno spadone dall'altro lato con una elsa di lamette d'ottone attorcigliate come una cifra; al primo aspetto si mostravano di quella specie d'uomini tanto comune a quei tempi, che avevano nome di bravi, specie che ora si è del tutto perduta come tante altre buone istituzioni. (...)

Che quei due stessero li aspettando qualcheduno era cosa troppo evidente; ma quello che più spiacque al curato fu di accorgersi per certi atti che quegli che aspettavano era egli poiché al suo apparire si erano guardati alzando la testa, con un moto che dava a dividere che avevan detto tutti e due a un tratto: egli è desso: e quegli che stava a cavalcioni tirò la sua gamba sulla strada e si alzò, l'uno si staccò dal muro; e si avvicinarono rivolti verso il curato.

Stesso brano nella versione definitiva

Due uomini stavano l'uno dirimpetto all'altro, al confluente, per dir cosí, delle due viottole: un di costoro, a cavalcioni sul muricciolo basso, con una gamba spenzolata al di fuori, e l'altro piede, posato sul terreno della strada; il compagno, in piedi, appoggiato al muro, con le braccia incrociate sul petto. L'abito, il portamento, e quello che, dal luogo ov'era giunto il curato, si poteva distinguer dell'aspetto, non lasciavan dubbio intorno alla loro condizione. Avevano entrambi intorno al capo una reticella verde, che cadeva sull'omero sinistro, terminata in una gran nappa, e dalla quale usciva sulla fronte un enorme ciuffo: due lunghi mustacchi arricciati in punta: una cintura lucida di cuoio, e a quella attaccate due pistole: un piccol corno ripieno di polvere, cascante sul petto, come una collana: un manico di coltellaccio che spuntava fuori d'un taschino degli ampi e gonfi calzoni, uno spadone, con una gran guardia traforata a lamine d'ottone, congegnate come in cifra, forbite e lucenti: a prima vista si davano a conoscere per individui della specie de' bravi. (...)

Che i due descritti di sopra stessero ivi ad aspettar qualcheduno, era cosa troppo evidente; ma quel che più dispiacque a don Abbondio fu il dover accorgersi, per certi atti, che l'aspettato era lui. Perché, al suo apparire, coloro s'eran guardati in viso, alzando la testa, con un movimento dal quale si scorgeva che tutt'e due a un tratto avevan detto: è lui; quello che stava a cavalcioni s'era alzato, tirando la sua gamba sulla strada; l'altro s'era staccato dal muro; e tutt'e due gli s'avviavano incontro.

Brano nella versione definitiva
Due uomini stavano l'uno dirimpetto all'altro, al confluente, per dir cosí, delle due viottole: un di costoro, a cavalcioni sul muricciolo basso, con una gamba spenzolata al di fuori, e l'altro piede, posato sul terreno della strada; il compagno, in piedi, appoggiato al muro, con le braccia incrociate sul petto. L'abito, il portamento, e quello che, dal luogo ov'era giunto il curato, si poteva distinguer dell'aspetto, non lasciavan dubbio intorno alla loro condizione. Avevano entrambi intorno al capo una reticella verde, che cadeva sull'omero sinistro, terminata in una gran nappa, e dalla quale usciva sulla fronte un enorme ciuffo: due lunghi mustacchi arricciati in punta: una cintura lucida di cuoio, e a quella attaccate due pistole: un piccol corno ripieno di polvere, cascante sul petto, come una collana: un manico di coltellaccio che spuntava fuori d'un taschino degli ampi e gonfi calzoni, uno spadone, con una gran guardia traforata a lamine d'ottone, congegnate come in cifra, forbite e lucenti: a prima vista si davano a conoscere per individui della specie de' bravi. (...)

Che i due descritti di sopra stessero ivi ad aspettar qualcheduno, era cosa troppo evidente; ma quel che più dispiacque a don Abbondio fu il dover accorgersi, per certi atti, che l'aspettato era lui. Perché, al suo apparire, coloro s'eran guardati in viso, alzando la testa, con un movimento dal quale si scorgeva che tutt'e due a un tratto avevan detto: è lui; quello che stava a cavalcioni s'era alzato, tirando la sua gamba sulla strada; l'altro s'era staccato dal muro; e tutt'e due gli s'avviavano incontro.

Übersetzung des Abschnitts aus der endgültigen Fassung

Beim Ineinandermünden der beiden Pfade, um es einmal so zu sagen, standen sich zwei Männer gegenüber. Der eine saß rittlings auf dem niedrigen Mäuerchen, ein Bein nach außen baumeln lassend, das andere auf den Weg gestellt. Sein Gefährte lehnte an der Mauer und hielt die Arme auf der Brust verschränkt. Kleidung, Verhalten, alles an ihrem Äußeren, das man von dort, wo der Pfarrer angelangt war, erkennen konnte, ließen keinerlei Zweifel an ihrem Stand: Jeder der beiden hatte um den Kopf ein kleines grünes Netz, das in einer großen Quaste auf der linken Schulter endete und aus dem auf der Stirn ein dicker Haarschopf quoll; jeder trug einen langen, spitz aufgezwirbelten Schnurrbart; jeder hatte einen glänzenden Ledergürtel, in dem zwei Pistolen staken, und jedem hing ein kleines gefülltes Pulverhorn wie eine Kette auf der Brust; jedem ragte der Griff eines riesigen Messers aus einer Tasche der weiten Pluderhose; jeder trug einen Säbel in einer großen durchbrochenen Scheide mit blank geputzten Messingplättchen, die wie ein Monogramm angeordnet waren – auf den ersten Blick erkannte man sie als Leute aus der Zunft der gedungenen Räuber. (...)

Dass die oben beschriebenen Männer dort standen, um auf jemanden zu warten, war nur allzu offensichtlich. Don Abbondio mißfiel am meisten, aus einem gewissen Verhalten schließen zu müssen, dass sie auf ihn warteten. Bei seinem Auftauchen hatten sie sich nämlich angesehen und gleichzeitig mit einer Kopfbewegung zu verstehen gegeben: das ist er! Der rittlings auf der Mauer Sitzende war aufgestanden, indem er sein Bein auf die Straße stellte; der andere hatte sich von der Mauer entfernt; beide gingen sie ihm entgegen.

Giovanni Papini: Il ritorno alla terra

Ritrovar me stesso significò ritrovar la Toscana nella sua campagna e nella sua tradizione. Non più le strade attorno a Firenze, incassate tra i muri bigi e i cancelli dei signori, ma i sentieri dei pecorai su per il dorso dell'Appennino, a tu per tu col cielo, coi boschi ai miei piedi. Non più le alture cittadine del Vial de' Colli o dell'Incontro, ma le gobbe di Pratomagno e le vette dell'Alpe della Luna. Mi son trovato un poggetto nascosto e sconosciuto ch'è nello stesso tempo nel cuore e sui confini della mia Toscana. È vicino alle fonti del Tevere, vicino alla selva dove soffrì San Francesco, al castello dove nacque Michelangelo, al borgo dove nacque Pier della Francesca. A pochi passi da casa mia venne, da giovane, il Carducci repubblicano. E se monto più in alto intravedo il mare della Romagna e le alture dell'Umbria.

Su questo poggio sassoso, dove il vento non trova requie, il mio spirito ha ritrovato la calma e sé stesso. In questa cerchia di monti scuri ed aguzzi, su questo prato povero di fiori e tutto irto di sassi, all'ombra di questi cerri duri e trascurati, al rumore di questo fiume stretto ma chiaro che arriverà a Roma sudicio e grosso, sotto questo cielo veramente celeste, trasparente e delicato anche quand'è sparso di nuvole, ho risentito l'odor vero della terra, il gusto dell'aria, il sapore del pane, il giusto calore del fuoco di ceppi e fascine. La vita mi ha riconquistato a poco a poco colla bellezza della sua semplicità. Son tornato bambino e primitivo, selvatico e agreste. Mi son riallacciato ai miei progenitori contadini, ai buoni villani plebei, che

Giovanni Papini: Rückkehr zur Erde

Mich selbst wiederzufinden bedeutete: die Toskana in ihrer Landschaft und ihrer Tradition wiederzufinden. Nicht mehr die eng zwischen grauen Mauern und herrschaftlichen Gittertoren verlaufenden Straßen rund um Florenz, sondern die Pfade der Schafhirten hinauf über den Rücken des Apennin, auf Du und Du mit dem Himmel, mit den Wäldern zu Füßen. Nicht mehr die städtischen Anhöhen des Vial de' Colli oder des Incontro, sondern die Buckel von Pratomagno und die Gipfel der Alpe della Luna. Ich habe einen versteckten unbekannten kleinen Hügel gefunden, der gleichzeitig mitten im Herzen und an den Grenzen meiner Toskana liegt. Er befindet sich in der Nähe der Tiberquellen, nahe dem Wald, wo der heilige Franziskus litt, bei der Burg, wo Michelangelo geboren wurde, in dem Ort, wo Piero della Francesca zur Welt kam. Wenige Schritte von meinem Haus hielt sich der Republikaner Carducci als junger Mann auf. Und wenn ich höher steige, kann ich das Meer der Romagna und die Höhen Umbriens ahnen.

Auf diesem steinigen Hügel, wo der Wind keine Ruhe findet, hat meine Seele ihren Frieden und sich selbst wiedergefunden. In diesem Kreis dunkler und spitzer Berge, auf dieser Wiese, die arm ist an Blumen und übersät mit Steinen, im Schatten dieser harten verwilderten Zerr-Eichen, beim Rauschen dieses schmalen, aber klaren Flusses, der in Rom schmutzig und breit ankommen wird, unter diesem wahrlich himmlischen Himmel, durchsichtig und zart, selbst wenn Wolken über ihn verstreut sind, konnte ich den echten Duft der Erde wieder riechen, die Luft schmecken und das Brot, die richtige Wärme des Feuers der Holzscheite und des Reisigs spüren. Das Leben hat mich mit der Schönheit seiner Einfachheit nach und nach wieder zurückerobert. Ich bin wieder zum Kind geworden, ursprünglich, wild und ländlich. Ich habe mich wieder mit meinen bäuerlichen Vorfahren verbun-

governaron le vacche e segaron il grano da queste parti. Mi son rimesso in regola colla vecchia famiglia. A questo figliuol prodigo che ha mangiato a tutti i banchetti intellettuali d'Europa la vecchia casa ha preparato un cantuccio, accanto al focolare tutto nero di fumo, alla tavola d'abete che sa le gialle polende, i prosciutti salati e le pagnotte avvampate dal forno.

Nei primi tempi era tale il gusto del ritrovamento che avevo bisogno di portare in casa qualche pezzo di questo paese fraterno e paterno che riconoscevo ed amavo ogni giorno: un sasso appuntito come una montagna, una gallòzzola staccata dalla foglia di una quercia, una ghianda liscia e ben modellata, un mazzo di fiori di campo, una còccola di cipresso, una spiga di granturco. Tutta questa roba povera, semplice, rozza, inutile, senza valore mi dava un piacere fanciullesco: la sentivo affine a me, simbolo della mia terra e della sua tradizione.

Intanto, nello stesso tempo, mi riaccostavo anche alla letteratura dei miei maggiori e paesani. Dopo i primi anni di lettura universale e famelica non ero quasi più tornato verso di loro. M'ero imbevuto di culture esotiche: non avevo letto, quasi, libri italiani; e, fra i libri, avevo preferito i teorici ai lirici, i dottrinali ai fantastici. Ma lassù, dopo quel ritorno alla patria presente, sentii il bisogno di tornare anche alla patria passata. E mi rilessi a poco a poco, all'ombra dei faggi e dei cerri, fra l'odor della menta e il vento della Vernia, i libri che eran miei per diritto di nascita e di rinascita: Dante e Compagni, Boccaccio e Sacchetti, Machiavelli e Redi, Gino Capponi e Giosuè Carducci. Quei libri che avevo letto per dovere e curiosità, quei libri che mi avevano annoiato a scuola e lasciato freddo poi, che

den, mit den guten einfachen Leuten vom Land, die Kühe hüteten und das Getreide dieser Gegend mähten. Ich habe mit der alten Familie alles wieder in Ordnung gebracht. Das alte Haus hat diesem verlorenen Sohn, der an sämtlichen intellektuellen Tafeln Europas gespeist hat, ein Eckchen bereitet neben dem völlig rauchgeschwärzten Herd, am Tisch aus Tannenholz, der die gelbe Polenta, den Schinken und die im Ofen gebackenen Brotlaibe kennt.

In der ersten Zeit war die Freude des Wiederfindens so groß, dass ich von diesem brüderlichen und väterlichen Land, das ich jeden Tag neu wiedererkannte und liebte, irgendein Stück mit nach Hause bringen musste: einen Stein, spitz wie ein Berg, einen vom Blatt einer Eiche abgerissenen Gallapfel, eine glatte, wohlgeformte Eichel, einen Strauß Wiesenblumen, einen Zypressenzapfen, einen Maiskolben. All diese armen, einfachen, rauen, unnützen Dinge ohne Wert bereiteten mir eine kindliche Freude. Ich empfand sie als mir verwandt, als Symbole meiner Erde und ihres hohen Alters.

Gleichzeitig näherte ich mich auch wieder der Literatur meiner Vorfahren und Landsleute. Nach den ersten Jahren, in denen ich gierig nur Weltliteratur verschlang, hatte ich mich ihnen kaum noch zugewandt. Ich hatte mich mit exotischen Kulturen vollgesogen und so gut wie keine italienischen Bücher gelesen. Theoretische Bücher hatte ich den lyrischen vorgezogen, gelehrte den phantastischen. Aber dort oben, nach der Rückkehr in die gegenwärtige Heimat verspürte ich den Drang, auch in die vergangene Heimat zurückzukehren. Und im Schatten der Buchen und Zerr-Eichen, beim Duft der Pfefferminze und im Wind, der vom Monte Verna herüberwehte, las ich nach und nach die Bücher wieder, die kraft Geburt und Wiedergeburt die meinen waren: Dante und Compagni, Boccaccio und Sacchetti, Machiavelli und Redi, Gino Capponi und Giosuè Carducci. Diese Bücher, die ich aus Pflicht und Neugierde gelesen hatte, diese Bücher, die mich in der Schule gelangweilt und danach kalt gelassen

avevo guardato fino allora come rettorica letteraria o documenti di storia, mi si aprivano dinanzi come amici e fratelli, prendevano un nuovo colore, davano un altro gusto, si rianimavano con tutto il primitivo vigore. Questa vecchia prosa mi ringiovaniva lo spirito. Questi antichi uomini solidi e spregiudicati mi sembravan, per qualche verso, più moderni di me. E sentivo d'esser della stessa casa, d'esser uscito dalla stessa famiglia, di parlare la loro lingua o di poter capire coi miei ricordi anche quel che può sembrare più strano e volgare agli occhi forestieri.

Fu come il viaggio di un esiliato al paese della sua balia. Tutto mi ricomparì dinanzi come per la prima volta e m'inzuppò l'anima di cose che sembravan nuove ma per le quali c'era il posto già fatto e la cornice appropriata. Le buche dell'inferno, i fiumi di luce del cielo, Firenze irta di torri e di picche, i giovani libidinosi, lieti e violenti, i vecchi un po' saggi e un po' canaglie, i príncipi furbi e maschi, la naturale cattività degli uomini, il moto delle stelle nell'infinito e del mosto ne' tini, la storia delle sconfitte e delle speranze, il Valdarno e la Maremma, il Casentino e il Mugello, – tutta la bella terra di Toscana cogli uomini e i giardini, coi cieli e le fonti, dai tumulti del comune ai rimbrotti del '59, mi rientrò nel cuore e mi s'accostò alla carne come la mamma al figliuolo aspettato che torna.

Non soltanto la sostanza polposa di quei libri mi conquistava, ma soprattutto l'arte maestra colla quale eran fatti, la meravigliosa lingua nella quale erano scritti. Niente fronzoli, niente enfasi, nessuna trina inutile, mai cattivo gusto o fiacchezza, – roba forte, ottenuta con poco, tutta disegno e

hatten, die ich bis dahin als literarische Rhetorik oder Geschichtsdokumente angesehen hatte, öffneten sich vor mir wie Freunde und Brüder, nahmen eine neue Farbe an, gaben einen anderen Geschmack wieder, belebten sich neu mit all ihrer ursprünglichen Kraft. Diese alte Prosa verjüngte meinen Geist. Diese alten, standhaften und unbefangenen Menschen schienen mir in mancher Hinsicht moderner als ich selbst zu sein. Und ich fühlte, dass ich demselben Haus angehörte, derselben Familie entstammte, ihre Sprache sprach, oder mit meinen Erinnerungen auch das verstehen konnte, was in den Augen eines Fremden eher seltsam und gewöhnlich erscheinen kann.

Es war wie die Reise eines Verbannten ins Land seiner Amme. Alles tauchte wieder vor mir auf wie beim ersten Mal und tränkte meine Seele mit Dingen, die zwar neu schienen, doch ihren Platz mit dem passenden Rahmen bereits hatten. Die Höllenlöcher, die Lichtströme des Himmels, Florenz, gespickt mit Türmen und Spitzen, die lüsternen Burschen, fröhlich und gewalttätig, die ein wenig weisen und ein wenig gerissenen Alten, die schlauen und mannhaften Fürsten, die natürliche Schlechtigkeit der Menschen, die Bewegung der Sterne im Unendlichen und des Mostes in den Bottichen, die Geschichte der Niederlagen und Hoffnungen, das Valdarno und die Maremma, der Casentino und der Mugello – das ganze schöne Land Toskana mit seinen Menschen und Gärten, mit seinen Himmeln und Quellen, von den Tumulten in der Kommune bis zum Aufbegehren im Jahre 1859, drang wieder in mein Herz und schmiegte sich an mich wie die Mutter an das erwartete Kind, das zurückkehrt.

Nicht nur die üppige Reichhaltigkeit dieser Bücher eroberte mich, sondern vor allem die meisterhafte Kunst, mit der sie gemacht, die wunderbare Sprache, in der sie geschrieben waren. Kein Gefasel, kein Pathos, kein unnützes Ausschmücken, nie geschmacklos oder schwach – einfach stark, mit wenig erreicht, alles Zeichnung und Relief aus Bronze

rilievo, di bronzo e di pietra e non di panna e di miele. Incisioni profonde, rozze magari, ma decise, chiare e senza un rigo di più. La lingua ricca, sempre nuova, viva di scorci e ripieghi espressivi, senza zeppe e annacquature – familiare e plebea senza perdere di solennità e di maestà. Anche qui, come nelle montagne del paese, apparente povertà, semplicità robusta, gioia severa – grandezza e libertà.

La Toscana così rifatta è la *mia* Toscana ma è pure la più vera e famosa Toscana – non quella dei fiorentini imbastarditi, dei poderi giardini, o degli scrittorelli garbati, dolciati e castrati che dal Seicento in qua hanno appuzzato e tradito la loro patria. Io, invece a questa più grande ritrovata Toscana voglio restar fedele – ché per rifar me stesso mi son dovuto rifare dal punto e dal momento in cui nacqui.

Prima era in me tutto il mondo. Dopo mi son ritrovato solo e senza vita. Per riprender le forze ho dovuto riagguantare quel pezzo di mondo che mi era più prossimo ed affine. Ora che ho succhiato di nuovo alle poppe della prima madre e ho risentito la sua parlata – or che mi sento il corpo rinsanguato e la lingua più sciolta posso riprender la strada verso il mio vero destino.

und Stein, nicht aus Sahne und Honig. Tief eingekerbt, vielleicht rau, aber klar und deutlich und keine Zeile zu viel. Die Sprache reich, immer neu, lebendig und knapp, ausdrucksvoll vertieft, ohne Schnörkel und Verwässerungen – zutraulich und volkstümlich, ohne an Feierlichkeit und Würde zu verlieren. Auch hier, wie in den Bergen des Landes, sichtliche Armut, robuste Einfachheit, strenge Freude – Größe und Freiheit.

Die so wiedererstandene Toskana ist *meine* Toskana; es ist aber auch die wahrhaftigste und berühmte Toskana – nicht die der entarteten Florentiner, der «Garten-Güter» oder der gefälligen, kitschigen und weichlichen Schreiberlinge, die seit dem siebzehnten Jahrhundert bis heute ihre Heimat verpestet und verraten haben. Ich dagegen möchte dieser viel größeren wiedergefundenen Toskana treu bleiben, denn um ein neuer Mensch zu werden, musste ich von dem Ort und dem Augenblick meiner Geburt ausgehen.

Früher war die ganze Welt in mir. Danach fand ich mich allein und ohne Leben wieder. Um zu Kräften zu kommen, musste ich jenes Stück Welt wieder anfassen, das mir am nächsten und verwandtesten war. Jetzt, da ich wieder an der Brust der ersten Mutter gesaugt und wieder ihre Redeweise gehört habe, jetzt, da ich fühle, wie mein Körper wieder durchblutet, die Zunge wieder gelöst ist, kann ich den Weg wieder aufnehmen, meiner eigentlichen Bestimmung entgegen.

Ardengo Soffici: Firenze

A Firenze, in Via Tornabuoni
Una fusciacca di cielo è tesa
Sui fili
Del telefono 8-85.
L'altro emisfero si rinfresca
Da Doney e Nipoti,
Con una penna di paradiso
Al cappello,
E fra le trine un profumo
Di Floride e Splendid Hotels.
(...)
La collina di San Miniato
Sciacqua nell'Arno i suoi ori di Bisanzio,
I suoi cipressi,
E le ville,
Il Ponte vecchio incrostato di gemme,
I campanili,
I tea rooms,
Coll'acqua verde
Partono fra due argini felici di sole.

Non si può vivere in questa pace
D'azzurri viali
Dove non c'è che un tranvai
Ogni venti minuti,
Candele stearìche e buste fiorite
Nelle vetrine,
E visi di spose e di bimbi
Soffocati di calda noia
Alle finestre
Spalancate sul nulla di mezzogiorno.
(...)

Ardengo Soffici: Florenz

Hier in Florenz in der Via Tornabuoni
ist eine Himmelsschärpe ausgebreitet
über die Drähte
vom Telefon 8-85.
Die andere Erdhalbkugel erfrischt sich jetzt
bei Doney und Nipoti,
mit einer Paradiesesfeder
auf dem Hut
und aus den Spitzen ein Duft
nach Floride und Splendid Hotels.
(…)
Der Hügel von San Miniato spült
im Arno all sein byzantinisches Gold,
seine Zypressen,
seine Villen,
den Ponte Vecchio, bepflastert mit Juwelen,
die Türme
und die Tea rooms:
Mit grünem Wasser
fließt alles zwischen zwei besonnten Ufern weg.

Man kann nicht leben in der Friedlichkeit
hellblauer Straßen,
wo es nichts gibt als alle zwanzig
Minuten eine Straßenbahn,
in den Geschäften billige Kerzen
und buntgeblümte Briefkuverts,
und in den aufgerissenen Fenstern
Gesichter junger Frauen, kleiner Kinder
in warmer Langeweile halb erstickt,
mit Blick ins mittägliche Nichts.
(…)

Un affisso delle Folies Bergère
O dello Splendor
È più emozionante
Di tutta la storia
Rassegata in fronte alle torri
E alle cupole senza Dio né colombe.
(I piccioni del Duomo
Li mangia tutti il Priore
Della Misericordia.)
La notte si scrive col fuoco
Sui muri del Centro
« A nuova vita restituito »;
Nomi e orari:
Attimi vibrati nell'eternità,
Come questa sigaretta che accendo
In un caffè d'Europa,
La Rosa,
Il 6 marzo 1915.

(...)

A Firenze per tutte le vie,
A tutte le ore
S'incrociano le avventure del mondo:
Il « Messaggero » di Roma arrivato ora
Ed il vento
Che batte l'occhio giallo dell'orologio della stazione,
Entrano dalle persiane aperte
E gonfiano tutti gli hangars multicolori
Della poesia.

Ein Plakat der Folies-Bergère
oder des Splendor
ist spannender
als sämtliche Geschichte, die
erstarrt ist angesichts der Türme und
der Kuppeln ohne Gott und ohne Tauben.
(Die Tauben um den Dom
frisst allesamt der Prior der
Barmherzigen Brüder.)
Die Nacht schreibt sich mit Feuer
an die Ummauerung der Innenstadt:
«Dem neuen Leben neu geschenkt.»
Namen und Zeiten:
Die in die Ewigkeit geschnippten Augenblicke
wie meine Zigarette, angesteckt
im Europa-Café
La Rosa
am 6. März des Jahres 1915.

(...)

Hier in Florenz auf allen Straßen und
zu jeder Stunde
begegnen sich die Abenteuer der Welt:
Der «Messaggero», eben frisch aus Rom,
und andererseits der Wind,
der einer Bahnhofsuhr aufs gelbe Auge prallt:
Sie kommen durch die offenen Fensterläden
und blähen all die bunten
Hangars der Poesie.

Indro Montanelli: Montale

Il più grande poeta contemporaneo italiano sono forse tre. Due non sono sicuro come si chiamino; ma uno è, certamente, Eugenio Montale. (...)

Tuttavia, invece che poeta e giornalista, Montale avrebbe voluto e dovuto essere baritono. Scherza, quando dice che era questa la sua vera passione e vocazione? Ne ho sempre dubitato. Nei momenti di buonumore Eugenio ironizza col suo tetro umorismo sul melodramma, ma ne conosce a fondo il repertorio. Non c'è distico di Illica o strofetta di Metastasio ch'egli non tenga a memoria e non sappia ripetere sull'aria che Verdi e Puccini hanno loro prestato. Canta bene, con voce morbida e pastosa, anche se in sordina, perché ha studiato canto per davvero, per molti anni, e mi dicono che il suo maestro, entusiasta, lo designava quale successore di Titta Ruffo. Ma, dopo aver studiato ben bene, sul palcoscenico non salì mai. C'è chi dice che lo trattenne il suo vigile *sense of humour,* c'è chi dice che glielo proibirono i suoi terribili complessi.

Montale, di complessi ne ha, e basta andare a pranzo con lui per accorgersene. Si rovescia addirittura sul piatto, ossessionato dall'idea di non riuscire a portarsi alla bocca il cucchiaio o il bicchiere, che regge sempre con ambedue le mani tremanti, senza osare di alzar lo sguardo sui commensali. L'angoscia gli paralizza anche il cervello, in quei momenti, sicché egli non riagguanta la parola e le sue battute piene di macabra ironia che dopo il caffè, quando accende la prima delle sue cinquanta sigarette pomeridiane. Allora, dopo una congrua sillabazione di: «Gatto, De Libero, Ungaretti e Saba ...» che può protrarsi anche per alcuni quarti d'ora, Eugenio ritrova i suoi spiriti e soprattutto il suo

Indro Montanelli: Montale

Der größte zeitgenössische italienische Dichter – sind vielleicht drei. Von zweien bin ich nicht sicher, wie sie heißen, aber einer ist auf jeden Fall Eugenio Montale. (...)

Statt Dichter und Journalist hätte Montale Bariton sein wollen und müssen. Scherzt er, wenn er sagt, dass dies seine wahre Leidenschaft und Berufung war? Ich habe es immer bezweifelt. Wenn Eugenio guter Laune ist, macht er sich mit seinem schwarzen Humor zwar über das Melodrama lustig, doch er kennt das Repertoire sehr gründlich. Kein Zweizeiler von Illica, keine Kurzstrophe von Metastasio, die er nicht auswendig wüsste und als Arie, in der Verdi und Puccini sie vertont haben, wiedergeben könnte. Er singt gut, mit einer geschmeidigen und weichen Stimme, selbst wenn er leise singt, denn er hat tatsächlich viele Jahre Gesang studiert, und es heißt, sein begeisterter Lehrer habe ihn als den Nachfolger von Titta Ruffo bezeichnet. Doch dann, nach einem sehr gründlichen Studium, hat er nie eine Bühne betreten. Manche sagen, sein wacher *sense of humour* habe ihn zurückgehalten, andere, seine schrecklichen Komplexe hätten ihn daran gehindert.

Tatsächlich hat Montale Komplexe. Man braucht nur mit ihm zum Essen zu gehen, um das festzustellen. Er hängt schier über dem Teller, besessen von der Vorstellung, es könnte ihm nicht gelingen, den Löffel bis zum Mund zu führen oder das Glas, das er immer zitternd mit beiden Händen festhält, wobei er nicht wagt, den Blick zu seinen Tischgenossen zu heben. Die Angst lähmt dann auch sein Gehirn, sodass er erst nach dem Kaffee, wenn er sich die erste seiner fünfzig nachmittäglichen Zigaretten ansteckt, wieder das Wort ergreift und seine geistreichen, schlagfertigen Bemerkungen voll makabrer Ironie macht. Schließlich, nach angemessener Silbenbetonung von «Gat-to, De Li-be-ro, Un-ga-ret-ti und Sa-ba ...», was sich auch etliche Viertelstunden hinziehen

spirito; e, abbandonata la briglia sul collo della sua cattiveria, la lascia correre a piacere, ma sempre scansando il fossato della volgarità.

Eccolo che sale lo scalone con lento passo e in punta di piedi, mentre all'orologio battono nove rintocchi. Avanza lungo il corridoio, dignitosissimo, proprio con l'aria del più grande poeta contemporaneo italiano, ma sogguardando imbarazzato coloro che incrocia, e un po' sospettoso dell'ossequio che tutti gli dimostrano.

Lo vedo avvicinarsi verso la nostra stanza e mi preparo a dirgli: «Buongiorno, Eugenio!» prima che lui lo dica a me, quando ecco che si ferma dinanzi all'ufficio del segretario di redazione, Borelli, che sta dettando qualcosa. Ma a chi lo detta? È la domanda che si pone, evidentemente, Montale, vedendo che nell'ufficio Borelli è solo. Non osa entrare perché l'altro, non avendolo visto tutto impegnato com'è nel suo monologo, non gli ha rivolto un cenno d'invito. Col cappello e il parapioggia in mano. Eugenio si sposta ora sullo stipite destro, ora su quello sinistro nel vano tentativo di scoprire lo stenografo o la stenografa che, evidentemente, dovrebbe raccogliere e fissare le parole di Borelli. Ma per quanto, messosi ginocchioni, Montale frughi con lo sguardo anche sotto la scrivania e dietro l'uscio, non scorge nessuno; e resta lì, basito, a fissare Borelli col vago sospetto che gli abbia dato di volta il cervello.

Finché il monologheggiatore si avvede di lui e, scorgendolo a quattro zampe per terra (il più grande poeta contemporaneo italiano!), a sua volta lo fissa sorpreso: «Che c'è, Montale, ha perso qualcosa?» «No, no», fa Eugenio arrossendo, «cerco soltanto di scoprire a chi diavolo sta parlando.» Borelli ride. Stava parlando al dittàfono e glielo mostra illustrandogliene la comodità.

kann, findet Eugenio seine Geister wieder, vor allem seinen Geist, und lässt, nachdem er die Zügel am Hals seiner Boshaftigkeit gelockert hat, diese nach Herzenslust laufen, freilich immer den Graben der Anstößigkeit meidend.

Da steigt er nun, während die Uhr gerade neun schlägt, langsamen Schritts und auf Zehenspitzen die breite Treppe hinauf, höchst würdevoll, das heißt mit der Miene des größten zeitgenössischen italienischen Dichters, geht er den Gang entlang, wobei er jedoch jeden, der ihm begegnet, verlegen ansieht, auch ein wenig misstrauisch ob der Ehrerbietung, die ihm alle entgegenbringen.

Ich sehe ihn unserem Zimmer näherkommen und bereite mich schon darauf vor, «guten Tag, Eugenio!» zu ihm zu sagen, bevor er es zu mir sagt – da bleibt er vor dem Büro des Redaktionssekretäres Borelli stehen, der gerade etwas diktiert. Aber wem diktiert er bloß? Diese Frage stellt Montale sich offenbar, als er sieht, dass Borelli allein in seinem Büro ist. Er wagt nicht einzutreten, da der andere, vollkommen mit seinem Monolog beschäftigt, ihn nicht gesehen und nicht hereingebeten hat. Mit Hut und Regenschirm in der Hand stellt Eugenio sich mal an den rechten, mal an den linken Türpfosten, in dem vergeblichen Versuch, den Stenographen oder die Stenographin zu entdecken, der oder die doch wohl Borellis Worte aufnehmen und niederschreiben müsste. Aber sosehr Montale, inzwischen auf den Knien, mit seinem Blick auch unter dem Schreibtisch und hinter der Tür herumsucht, er sieht niemanden. Wie ohnmächtig starrt er Borelli an, den leisen Verdacht hegend, der habe den Verstand verloren.

Bis der Monolog-Redner ihn bemerkt und, ihn auf allen Vieren am Boden vorfindend (den größten zeitgenössischen italienischen Dichter!), seinerseits überrascht anstarrt: «Was ist los, Montale, haben Sie etwas verloren?» «Nein, nein», meint Eugenio errötend, «ich versuche bloß rauszukriegen, zu wem, verdammt noch mal, Sie sprechen.» Borelli lacht. Er hat ins Diktaphon gesprochen und zeigt ihm, wie praktisch

Non avrà più bisogno d'ora in poi di disturbare nessuno, per dettare le lettere. C'è il filo che se ne incarica. Esso registra e fissa la voce in una specie di disco che lo stenografo, poi, farà girare traducendo per iscritto le parole che udrà.

Montale ascolta, con aria profondamente ammirata. « Registra qualunque voce, codesto aggeggio? » chiede dopo un po'. « Certo! » risponde Borelli. « Registrerebbe anche la mia? » insiste il poeta. « Ma naturalmente! » Montale riflette un poco con aria cupa, poi fa un passo dentro la stanza. Si rigira per un pezzetto il cappello e il parapioggia tra le mani, e alla fine timidamente azzarda: « Mi piacerebbe sentire la mia voce, che dicono dotata di un buon accento baritonale … Io ho studiato canto, sa … Ma chi sente la propria voce? Nessuno … Quella mia mi piacerebbe sentirla per vedere se proprio … » Borelli gli porge giovialmente quella specie di tubo che teneva in mano. « S'immagini, caro Montale, provi pure … Dica qualcosa e poi … »

Un lampo di gioia guizza sul volto solitamente cupo, di Montale, che, prima di prendere l'ordigno dalle mani di Borelli, si sfila l'impermeabile, lo appende col cappello e il parapioggia all'attaccapanni, si schiarisce la gola, si allenta il nodo troppo stretto della cravatta come se si preparasse a un impegnativo esercizio ginnastico. Poi, portatosi il tubo all'altezza della bocca, tira il fiato e immobilizza lo sguardo sulla bacchetta alzata di un Toscanini che solo lui vede e da cui aspetta, evidentemente, un segnale di avvìo.

Ecco che lo ha avuto, a quanto pare e: « Il baleeeen del suo soooorriii-i-i-so deella steeellaaa vi-i-i-inceee il ra-a-aggiooo », attacca a piena fragorosissima voce, fisso l'occhio nel vuoto, correttamente intelito e immobile il busto, come se fosse dinanzi al pubblico di una « prima ».

das ist. Von jetzt an brauche er, um seine Briefe zu diktieren, niemanden mehr zu stören. Das werde von der Schnur erledigt. Es nehme die Stimme auf und halte sie auf einer Art Scheibe fest, die der Stenograph dann abspielt, um die Worte, die er hört, schriftlich zu übertragen.

Voller Bewunderung hört Montale zu. «Nimmt dieses Ding denn jede Stimme auf?», fragt er nach einer Weile. «Ja sicher!», antwortet Borelli. «Würde es auch meine aufnehmen?», beharrt der Dichter. «Aber natürlich!» Mit finsterer Miene denkt Montale ein wenig nach, dann macht er einen Schritt ins Zimmer. Er dreht Hut und Schirm noch mal ein bisschen in den Händen, und schließlich wagt er schüchtern zu sagen: «Ich würde gerne meine Stimme hören, es heißt, ich hätte eine gute Baritonstimmlage ... Wissen Sie, ich habe Gesang studiert ... Aber wer hört schon seine eigene Stimme? Niemand ... Ich würde gerne die meine hören, um zu sehen, ob sie wirklich ...» Borelli hält ihm wohlwollend diese Art Rohr hin, das er in der Hand hat. «Aber selbstverständlich, lieber Montale, versuchen Sie es nur ... Sagen Sie etwas, und dann ...»

Ein Funken von Freude huscht über das sonst so düstere Gesicht Montales. Bevor er Borelli das Höllengerät aus der Hand nimmt, zieht er sich den Regenmantel aus, hängt ihn samt Hut und Schirm an den Kleiderständer, räuspert sich und lockert den zu engen Krawattenknoten, als bereite er sich für eine anspruchsvolle gymnastische Übung vor. Dann, nachdem er das Rohr an seinen Mund gehoben hat, holt er Luft und fixiert seinen Blick auf den erhobenen Taktstock eines Toscanini, den nur er sieht, und von dem er offensichtlich das Zeichen für den Einsatz erwartet.

Da, jetzt hat er es bekommen und: «Ihrer Aaaugen himmlisch Straaahleeen leeuchtet schöööner als die Sonnnne», beginnt er mit äußerst lauter Stimme, den Blick starr ins Leere gerichtet, die Brust korrekt gespannt und bewegungslos, als befände er sich vor einem Premierenpublikum.

Borelli si è rincantucciato in fondo alla sua poltrona fissandolo con espressione di sbigottito terrore; da tutte le altre porte che danno su quel corridoio solitamente deserto e silenzioso sono scivolati furtivamente fuori redattori, impiegati, inservienti, sorpresi nel loro abituale lavoro dallo scroscio a valanga di quella bellissima, ben modulata, calda voce baritonale. Perfino il direttore, nonostante la doppia porta, ha sobbalzato sulla sedia ed è accorso come gli altri a vedere … A vedere Montale che, sempre nel suo jeratico atteggiamento di solista a una «prima», sembra librarsi sul proprio canto come su un paio d'ali che lo innalzino fuori portata dell'orecchio e della vista degli uomini, in una irraggiungibile solitudine. E tutti si guardano tra loro trasecolati, nessuno osando interrompere il più grande poeta contemporaneo italiano, l'eminente collega scrupoloso dell'orario, che incontrando si saluta per primi e a cui ci si rivolge col «lei», tale e tanta è la dignità che ne emana.

Montale canta la romanza sino in fondo, senza accelerarne né rallentarne il ritmo, restituisce il tubo a Borelli con un: «Grazie!» cortese, riprende il cappello, l'impermeabile e il parapioggia, passa in mezzo alla fila silenziosa di coloro che lo fissano con occhi tuttora sbigottiti tenendo i suoi a terra, per evitare il problema, per lui complicatissimo e angoscioso; di aspettare il saluto o di rivolgerlo per primo, torna nella stanza nostra, siede alla macchina da scrivere, v'infila un foglio, mugola: «Gatto, de Libero, Ungaretti e Saba … Gatto, De Libero, Ungaretti e Saba …» e mi fissa col suo sguardo cupo e astratto che non tradisce emozioni, sentimenti di sorta. Per cercare sul mio volto una liscia superficie da accarezzare, o l'incavo più adatto ad appoggiarvi la canna di una rivoltella?

Borelli hat sich in seinen Sessel verkrochen und starrt ihn voller Entsetzen entgeistert an. Von dem lawinenartigen Tosen dieser wunderschönen, wohl modulierten, warmen Baritonstimme bei ihrer gewohnten Arbeit überrascht, schlüpfen aus allen anderen Türen, die auf den normalerweise verlassenen und stillen Gang führen, verstohlen Redakteure, Angestellte und Boten heraus. Sogar der Direktor ist trotz der Doppeltür in seinem Sessel aufgesprungen und wie die anderen herbeigelaufen, um zu sehen … Um Montale zu sehen, der, noch immer in der erhabenen Haltung eines Solisten bei der Premiere, auf seinem eigenen Gesang zu schweben scheint wie auf zwei Flügeln, die ihn außer Hör- und Sichtweite der Menschen in eine unerreichbare Einsamkeit emporheben. Alle sehen sich verwundert an, keiner wagt es, den größten zeitgenössischen italienischen Dichter zu unterbrechen, den vortrefflichen, gewissenhaft pünktlichen Kollegen, den man, wenn man ihm begegnet, zuvorkommend grüßt, und den man siezt, so groß ist die Würde, die er ausstrahlt.

Montale singt die Romanze bis zum Ende, ohne den Rhythmus zu beschleunigen oder zu verlangsamen, gibt Borelli das Rohr mit einem höflichen «Danke!» zurück, nimmt Hut, Regenmantel und Schirm und geht mitten durch die schweigende Reihe derer, die ihn noch immer entgeistert anstarren, während er seinen Blick zum Boden gesenkt hält, um dem für ihn äußerst schwierigen und quälenden Problem aus dem Weg zu gehen, abwarten zu müssen, ob er gegrüßt wird, oder ob er als Erster grüßen soll. Er kehrt in unser Zimmer zurück, setzt sich an die Schreibmaschine, zieht ein Blatt ein und murmelt: «Gat-to, De Li-be-ro, Un-ga-ret-ti und Sa-ba … Gat-to, De Li-be-ro, Un-ga-ret-ti und Sa-ba …» Dabei starrt er mich an, mit seinem düsteren, abwesenden, keinerlei Empfindung oder Gefühlsregung verratenden Blick. Um in meinem Gesicht nach einer glatten Oberfläche zum Streicheln zu suchen oder nach der geeignetsten Vertiefung, wo man den Lauf einer Pistole ansetzen kann?

La casa di Geppetto era una stanzina terrena, che pigliava luce da un sottoscala. La mobilia non poteva essere più semplice: una seggiola cattiva, un letto poco buono e un tavolino tutto rovinato. Nella parete di fondo si vedeva un caminetto col fuoco acceso; ma il fuoco era dipinto, e accanto al fuoco c'era dipinta una pentola che bolliva allegramente e mandava fuori una nuvola di fumo, che pareva fumo davvero.

Appena entrato in casa, Geppetto prese subito gli arnesi e si pose a intagliare e a fabbricare il suo burattino.

– Che nome gli metterò? – disse fra sé e sé. – Lo voglio chiamar Pinocchio. Questo nome gli porterà fortuna. Ho conosciuto una famiglia intera di Pinocchi: Pinocchio il padre, Pinocchia la madre e Pinocchi i ragazzi, e tutti se la passavano bene. Il più ricco di loro chiedeva l'elemosina.

Quando ebbe trovato il nome al suo burattino, allora cominciò a lavorare a buono, e gli fece subito i capelli, poi la fronte, poi gli occhi.

Fatti gli occhi, figuratevi la sua maraviglia quando si accorse che gli occhi si muovevano e che lo guardavano fisso fisso.

Geppetto, vedendosi guardare da quei due occhi di legno, se n'ebbe quasi per male, e disse con accento risentito:

– Occhiacci di legno, perché mi guardate?

Nessuno rispose.

Allora, dopo gli occhi, gli fece il naso; ma il naso, appena fatto, cominciò a crescere: e cresci, cresci, cresci diventò in pochi minuti un nasone che non finiva mai.

Geppettos Wohnung war ein ebenerdiges Zimmerchen, das sein Licht von einem Fenster unter der Treppe erhielt. Das Mobiliar konnte nicht einfacher sein: ein alter Stuhl, ein schlechtes Bett und ein ziemlich schäbiger Tisch. An der rückwärtigen Wand sah man einen kleinen Kamin, in dem Feuer brannte, aber das Feuer war gemalt, und neben dem Feuer war ein Topf gemalt, der lustig brodelte und eine Rauchwolke ausstieß, die wie wirklicher Rauch aussah.

Kaum in die Wohnung getreten, griff Geppetto sogleich nach dem Werkzeug und machte sich daran, an seiner Puppe zu schnitzen und zu arbeiten.

«Welchen Namen soll ich ihr denn geben?», sagte er zu sich selbst. «Ich will sie ‹Pinocchio› nennen. Dieser Name wird ihr Glück bringen. Ich habe eine ganze Pinocchio-Familie gekannt: Pinocchio, der Vater, Pinocchia, die Mutter und Pinocchi, die Kinder, und allen ging es gut. Der reichste von ihnen ging betteln.»

Als er den Namen für seine Holzpuppe gefunden hatte, begann er eifrig zu arbeiten; erst machte er ihr die Haare, dann die Stirn, dann die Augen.

Nachdem die Augen fertig waren, stellt euch vor, wie erstaunt er war, als er bemerkte, dass die Augen sich bewegten und ihn ganz fest ansahen.

Geppetto, der sich von zwei hölzernen Augen angestarrt sah, nahm es fast übel und sagte in gekränktem Ton:

«Ihr bösen Holzaugen, warum seht ihr mich so an?»

Niemand antwortete.

Also schnitzte er der Puppe nach den Augen die Nase; die war kaum fertig, da begann sie zu wachsen und wuchs und wuchs und wuchs in wenigen Minuten zu einer Riesennase, die nie aufhörte.

Il povero Geppetto si affaticava a ritagliarlo; ma più lo ritagliava e lo scorciva, e più quel naso impertinente diventava lungo.

Dopo il naso, gli fece la bocca.

La bocca non era ancora finita di fare, che cominciò subito a ridere e a canzonarlo.

– Smetti di ridere! – disse Geppetto impermalito; ma fu come dire al muro.

– Smetti di ridere, ti ripeto! – urlò con voce minacciosa.

Allora la bocca smesse di ridere, ma cacciò fuori tutta la lingua.

Geppetto, per non guastare i fatti suoi, finse di non avvedersene, e continuò a lavorare.

Dopo la bocca, gli fece il mento, poi il collo, le spalle, lo stomaco, le braccia e le mani.

Appena finite le mani, Geppetto senti portarsi via la parrucca dal capo. Si voltò in su, e che cosa vide? Vide la sua parrucca gialla in mano del burattino.

– Pinocchio! rendimi subito la mia parrucca!

E Pinocchio, invece di rendergli la parrucca, se la messe in capo per sé, rimanendovi sotto mezzo affogato.

A quel garbo insolente e derisorio, Geppetto si fece triste e melanconico, come non era stato mai in vita sua, e voltandosi verso Pinocchio, gli disse:

– Birba d'un figliuolo! Non sei ancora finito di fare, e già cominci a mancar di rispetto a tuo padre! Male, ragazzo mio, male!

E si rasciugò una lacrima.

Restavano sempre da fare le gambe e i piedi.

Quando Geppetto ebbe finito di fargli i piedi, sentì arrivarsi un calcio sulla punta del naso.

– Me lo merito! – disse allora fra sé. – Dovevo pensarci prima! Ormai è tardi!

Der arme Geppetto bemühte sich, sie abzuschneiden, doch je mehr er sie abschnitt und kürzte, desto länger wurde die freche Nase.

Nach der Nase machte er der Puppe den Mund.

Der Mund war noch nicht fertig, da begann er schon zu lachen und ihn zu foppen.

« Hör auf zu lachen ! », sagte Geppetto beleidigt, doch es war, als spräche er gegen eine Wand.

« Hör auf zu lachen, sage ich dir noch einmal ! », schrie er mit drohender Stimme.

Da hörte der Mund zu lachen auf, streckte aber ganz weit die Zunge heraus.

Um sich bei seiner Arbeit nicht stören zu lassen, tat Geppetto so, als sähe er es nicht, und arbeitete weiter.

Nach dem Mund, machte er der Puppe das Kinn, dann den Hals, die Schultern, den Bauch, die Arme und die Hände.

Kaum waren die Hände fertig, spürte Geppetto, wie ihm die Perücke vom Kopf gezogen wurde. Er richtete sich auf, und was sah er da? Er sah seine gelbe Perücke in den Händen der Holzpuppe.

« Pinocchio ! Gib mir sofort meine Perücke wieder ! »

Und Pinocchio, statt sie ihm wiederzugeben, setzte sie sich selber auf den Kopf; er verschwand fast darunter.

Bei diesem frechen und spöttischen Benehmen wurde Geppetto traurig und betrübt, wie er es noch nie in seinem Leben gewesen war. Er wandte sich Pinocchio zu und sagte:

« Du Frechdachs von einem Sohn ! Noch nicht einmal fertig, fängst du schon an, keinen Respekt vor deinem Vater zu haben. Schlimm, mein Junge, schlimm ! »

Und er wischte sich eine Träne weg.

Blieben immer noch die Beine und die Füße zu schnitzen.

Als Geppetto mit den Füßen gerade fertig war, landete auch schon ein Fußtritt auf seiner Nasenspitze.

« Das geschieht mir recht ! », sagte er da zu sich selbst. « Daran hätte ich vorher denken müssen ! Jetzt ist es zu spät ! »

Poi prese il burattino sotto le braccia e lo posò in terra, sul pavimento della stanza, per farlo camminare.

Pinocchio aveva le gambe aggranchite e non sapeva muoversi, e Geppetto lo conduceva per la mano per insegnargli a mettere un passo dietro l'altro.

Quando le gambe gli si furono sgranchite, Pinocchio cominciò a camminare da sé e a correre per la stanza; finché, infilata la porta di casa, saltò nella strada e si dette a scappare.

E il povero Geppetto a corrergli dietro senza poterlo raggiungere, perché quel birichino di Pinocchio andava a salti come una lepre, e battendo i suoi piedi di legno sul lastrico della strada, faceva un fracasso, come venti paia di zoccoli da contadini.

– Piglialo! piglialo! – urlava Geppetto; ma la gente che era per la via, vedendo questo burattino di legno, che correva come un barbero, si fermava incantata a guardarlo, e rideva, rideva e rideva, da non poterselo figurare.

Alla fine, e per buona fortuna, capitò un carabiniere, il quale, sentendo tutto quello schiamazzo e credendo si trattasse di un puledro che avesse levata la mano al padrone, si piantò coraggiosamente a gambe larghe in mezzo alla strada, coll'animo risoluto di fermarlo e di impedire il caso di maggiori disgrazie.

Ma Pinocchio, quando si avvide da lontano del carabiniere che barricava tutta la strada, s'ingegnò di passargli, per sorpresa, frammezzo alle gambe, e invece fece fiasco.

Il carabiniere, senza punto smuoversi, lo acciuffò pulitamente per il naso (era un nasone spropositato, che pareva fatto apposta per essere acchiappato dai carabinieri), e lo riconsegnò nelle proprie mani di Geppetto; il quale, a titolo di correzione, voleva dargli subito una buona tiratina d'orecchi. Ma figuratevi come rimase quando, nel cercargli gli orecchi, non gli riuscì di poterli

Dann nahm er den Holzbuben unter den Arm und stellte ihn auf die Erde, auf den Fußboden des Zimmers, um ihm das Laufen beizubringen.

Pinocchio hatte steife Beine und konnte sich nicht bewegen. Geppetto führte ihn an der Hand, um ihm zu zeigen, wie man einen Schritt vor den anderen macht.

Als seine Beine beweglich wurden, begann Pinocchio allein zu gehen und im Zimmer umherzulaufen, bis er durch die Haustür schlüpfte, auf die Straße sprang und – entwischte.

Der arme Geppetto lief hinter ihm her, ohne ihn einholen zu können, weil dieser Spitzbube von Pinocchio wie ein Hase hüpfte und mit seinen Holzfüßen auf dem Straßenpflaster einen Lärm wie zwanzig Paar Holzpantinen machte.

« Haltet ihn ! Haltet ihn ! », schrie Geppetto, aber als die Leute auf der Straße den Holzbuben sahen, der wie ein Berberross lief, blieben sie verzückt stehen, um ihm zuzusehen und lachten und lachten, wie man es sich gar nicht vorstellen kann.

Zum Glück kam schließlich ein Polizist vorbei, der wegen des ganzen Geschreis dachte, es handele sich um ein Fohlen, das seinem Herrn ausgerissen war. Mutig baute er sich mitten auf der Straße auf, breitbeinig, fest entschlossen, das Fohlen aufzuhalten und Schlimmeres zu verhüten.

Als Pinocchio von Weitem den Polizisten bemerkte, der die ganze Straße versperrte, versuchte er ihn zu überlisten, indem er zwischen seinen Beinen durchkroch; doch das misslang ihm.

Der Polizist packte ihn, ohne auch nur einen Fuß von der Stelle zu rühren, blitzsauber an der Nase (es war eine unverhältnismäßig große Nase, die eigens dafür geschaffen schien, von Polizisten gepackt zu werden), und gab ihn Geppetto zurück. Der wollte ihn zur Strafe gleich tüchtig an den Ohren ziehen. Stellt euch vor, wie verblüfft er war, als er die Ohren suchte und nicht finden konnte. Wisst ihr, warum?

trovare: e sapete perché? Perché, nella furia di scolpirlo, si era dimenticato di farglieli.

Allora lo prese per la collottola, e, mentre lo riconduceva indietro, gli disse tentennando minacciosamente il capo:

– Andiamo a casa. Quando saremo a casa, non dubitare che faremo i nostri conti!

Pinocchio, a questa antifona, si buttò per terra, e non volle più camminare. Intanto i curiosi e i bighelloni principiavano a fermarsi lì dintorno e a far capannello.

Chi ne diceva una, chi un'altra.

– Povero burattino! – dicevano alcuni, – ha ragione a non voler tornare a casa! Chi lo sa come lo picchierebbe quell'omaccio di Geppetto.

E gli altri soggiungevano malignamente:

– Quel Geppetto pare un galantuomo! Ma è un vero tiranno coi ragazzi! Se gli lasciano quel povero burattino fra le mani, è capacissimo di farlo a pezzi!

Insomma, tanto dissero e tanto fecero, che il carabiniere rimise in libertà Pinocchio e condusse in prigione quel pover'uomo di Geppetto. Il quale, non avendo parole lì per lì per difendersi, piangeva come un vitellino, e nell'avviarsi verso il carcere, balbettava singhiozzando:

– Sciagurato figliuolo! E pensare che ho penato tanto a farlo un burattino per bene! Ma mi sta il dovere! Dovevo pensarci prima!

Weil er im Eifer des Schnitzens vergessen hatte, ihm welche zu machen.

Also packte er ihn beim Genick, und indem er ihn zurückbrachte, sagte er, bedrohlich den Kopf schüttelnd, zu ihm:

«Gehen wir nach Hause! Sobald wir zu Hause sind, rechnen wir miteinander ab! Darauf kannst du dich verlassen!»

Bei dieser Anspielung warf Pinocchio sich auf den Boden und wollte nicht weitergehen. Mittlerweile begannen Schaulustige und Müßiggänger um sie herum stehenzubleiben und einen Menschenauflauf zu bilden.

Ein Wort gab das andere.

«Armer Holzbub!», sagten einige. «Recht hat er, nicht nach Hause zurückzuwollen! Wer weiß, wie Geppetto, dieser Kerl, ihn verprügeln würde!»

Andere fügten boshaft hinzu:

«Dieser Geppetto scheint zwar ein Ehrenmann zu sein, doch bei Kindern ist er ein rechter Tyrann! Wenn man den armen Holzbuben in seinen Händen lässt, ist er glatt imstande, ihn in Stücke zu hauen!» Kurz, sie redeten und machten so viel herum, dass der Polizist Pinocchio befreite und den armen Geppetto ins Gefängnis abführte. Der fand so schnell keine Worte zu seiner Verteidigung; er weinte wie ein Kälbchen, und auf dem Weg zum Gefängnis stammelte er schluchzend:

«Missratener Sohn! Wenn man denkt, wie viel Mühe ich mir gegeben habe, einen ordentlichen Holzbuben zu machen! Aber es geschieht mir recht! Ich hätte es mir vorher überlegen sollen!»

– Aldino, mi cali un filino?

Correvo alla finestra del cortile, calavo il filo lesto, furtivo, aspettando trepidante il «tira», e tiravo su piano piano il fagotto che troppo sentivo pesare in fondo.

Come mi sarebbe piaciuto godermi in pace le sorprese che quel pezzo di carta gialla, da fornai, riserbava per me, e che veniva da quella strana inquilina del piano di sotto, che più udivo vituperare più eccitava le mie simpatie, la mia curiosità e con la quale avevo stabilito un'amicizia malgrado il vituperio.

Mia madre non rimaneva estranea al maneggio; non era il fagotto in mio potere che v'era sopra come un falco: ne presiedeva accigliata l'apertura. Certe cose le buttava via con sdegno, al volo, altre piano piano, con due dita appena e la smorfia del massimo disgusto, specie se robe da mangiare; talune me ne concedeva: un innocuo balocchino. Vi erano poi nel cartoccio, semi di fiori, pianticelle appena nate, che acuivano la sua stizza perché io pretendevo a mia volta di piantarle, far del sudicio, dar da fare.

Fino dal giungere nella casa mia madre era stata in sospetto di quell'inquilina invadente: aveva orecchiato astuta, spiato con diffidenza. Un giorno, aperto il foglio, un uccellino volò per la stanza: sobbalzammo, l'una di rabbia, l'altro di felicità; ci volle gran fatica per riacchiapparlo, e, senza cura dei miei pianti e preghiere, fu rimandato per la donna alla donatrice: «Dille che la signora la ringrazia tanto, ma non essendo sua abitudine tenere bestie in casa, la prega di riprenderlo.» Era un *ultimatum* questo,

«Aldino, lässt du mir ein Schnürchen runter?»

Ich lief zum Hoffenster, ließ schnell verstohlen die Schnur hinab, wartete bangen Herzens auf das «zieh» und zog ganz langsam das Bündel hoch, das ich viel zu schwer an ihrem Ende spürte.

Wie gerne hätte ich in Ruhe die in diesem gelben Bäckerpapier für mich bestimmten Überraschungen genossen, die von dieser seltsamen Hausbewohnerin aus dem unteren Stockwerk kamen. Diese Frau weckte umso mehr Sympathie und Neugier in mir, je öfter ich sie schimpfen hörte; ich hatte trotz des Geschimpfes Freundschaft mit ihr geschlossen.

Meine Mutter hielt sich aus diesem Geschehen nicht heraus. Kaum hatte ich das Bündel in den Händen, stürzte sie sich wie ein Falke darauf und überwachte stirnrunzelnd das Öffnen. Gewisse Dinge warf sie entrüstet sofort weg, andere fasste sie mit einer Miene größten Abscheus ganz ganz vorsichtig nur mit zwei Fingern an, insbesondere, wenn es etwas zu essen war; manches ließ sie mir, zum Beispiel kleines harmloses Spielzeug. In der Papiertüte waren dann Blumensamen, soeben gekeimte Pflänzchen, die ihren Ärger verschlimmerten, weil ich entschlossen darauf bestand, sie einzupflanzen, und damit Schmutz und Arbeit verursachte.

Seit wir in dieses Haus gezogen waren, hatte meine Mutter dieser aufdringlichen Nachbarin misstraut, sie listig belauscht und argwöhnisch ausspioniert. Eines Tages, als wir das Papier aufwickelten, flog ein Vögelchen durchs Zimmer. Wir zuckten zusammen, die eine vor Wut, der andere vor Freude. Mit viel Mühe konnten wir das Tierchen wieder einfangen, und ohne Rücksicht auf mein Weinen und Bitten wurde es durch das Dienstmädchen der Spenderin zurückgeschickt: «Sag ihr, dass die Signora sich sehr bedanke, aber da sie keine Tiere im Haus zu halten pflege, würde sie sie bitten, es wieder zurückzuneh-

per mezzo dell'innocente animale. Non piacendole bestie in casa, era vero, verissimo, non si poteva dire ch'ella condividesse i gusti della pigionale, la quale a tutte le finestre altro non aveva che gabbie attaccate con uccelli di tutti i generi e colori; e in casa cani, gatti, tortore, piccioni, conigli, galline, i topi d'India, i pesci rossi, due pappagalli e la scimmia. E mandandoglielo a dire significava aprire il fuoco da parte di mia madre ...

Un giorno, assaliti di complimenti sulle scale, fummo costretti ad entrare al primo piano.

Parvemi si schiudesse la porta del paradiso al varcar quella soglia misteriosa, che tante volte avevo spiato passando, e porre il piede nella casa che sentivo tanto lontana dalla linda e gretta aridità borghese della mia.

Ci sedemmo a una tavola rotonda, mezzo sigaro spento v'era posato sull'orlo, e al centro una vasca di pesci rossi in forma di coppa, già intraveduta dalle scale e nella quale galleggiava un'anatrina di cera. Mia madre, contrariata, rispondeva appena, evasiva, distratta, pareva seduta a metà; l'altra affettuosa, confidenziale, le batteva sui ginocchi contenta di averla lì, e cercando di avvicinarle i suoi quanto poteva, pareva volerla accarezzare. Le chiese il nome: «bello, bello davvero, bel nome»; disse il proprio: «Sofia, le piace?» E sempre ripetendo ch'era tanto carina, bellina, distinta, e che vestiva bene, «semplice, all'inglese», che le piaceva tanto di averla come inquilina, «con Aldino, s'intende», e col nostro «filino» miracoloso: «Ah! ah!» e chiamandola «sposina», cosa che più indispettiva mia madre, ci mostrò la Ceccaccia, la cagna che rideva, e dietro mia richiesta il cardinale: «ti piace, eh?» Mia madre ebbe un sorriso impercettibile;

men.» Das unschuldige Tier diente als *Ultimatum.* Da sie im Haus keine Tiere mochte, und das stimmte nur allzu sehr, konnte man nicht sagen, dass sie denselben Geschmack wie die Nachbarin hatte. Bei der gab es an sämtlichen Fenstern nichts als aufgehängte Käfige mit Vögeln jeglicher Art und Farbe, und in der Wohnung Hunde, Katzen, Turteltauben, Tauben, Kaninchen, Hühner, Hamster, Goldfische, zwei Papageien und den Affen. Ihr das ausrichten zu lassen, hieß seitens meiner Mutter, das Feuer zu eröffnen …

Eines Tages wurden wir auf der Treppe von Schmeicheleien überfallen und genötigt, im ersten Stock einzutreten.

Es kam mir vor, als öffnete sich mit dem Überschreiten dieser geheimnisvollen Schwelle die Tür des Paradieses. Ich hatte sie oft im Vorbeigehen verstohlen betrachtet, und nun setzte ich den Fuß in die Wohnung, die der sauberen kleinbürgerlichen Nüchternheit der meinigen so fern war.

Wir nahmen an einem runden Tisch Platz. Eine halbe erloschene Zigarre lag am Rand, in der Mitte stand ein kelchartiges Goldfischglas, das ich schon vom Treppenhaus aus gesehen hatte; ein Wachsentchen schwamm darin. Meine Mutter war verärgert, antwortete kaum, wich aus, war abwesend und saß wie auf dem Sprung. Die andere, zufrieden, sie da zu haben, klopfte ihr liebevoll und vertraulich auf die Knie und schien sie, indem sie versuchte, ihr mit den eigenen so nah wie möglich zu kommen, streicheln zu wollen. Sie fragte nach ihrem Namen: «Schön, wirklich schön, ein schöner Name», und nannte den ihren: «Sofia, gefällt er Ihnen?» Ständig wiederholte sie, dass meine Mutter sehr nett, hübsch, fein und immer gut gekleidet sei, «schlicht, nach englischer Art», und dass sie sich freue, sie als Nachbarin zu haben, «und Aldino natürlich» mit unserem «Wunderschnürchen». «Ach ja!», meinte sie und nannte meine Mutter «kleine Braut», was diese ärgerte. Sie zeigte uns den Kardinal: «Er gefällt dir, was?» Meine Mutter lächelte kaum wahrnehmbar. Berlicche, der Papagei, der Schimpfworte sagte (und zwar eines, kaum dass

Berlicche, il pappagallo che diceva le parolacce, e appena nel salotto una ne disse, disse che le donne sono tutte «buggerone». Abbassò gli occhi mia madre: ero felice. Fu portato via subito «il birbante, il cattivaccio, lo screanzato», la scimmia saltò sulla tavola, mia madre sobbalzò per fuggire spaventata, ma la trattenne rassicurandola la sora Sofia, legando Lilla al suo posto sul davanzale, e rispondendo alle voci che subito salirono dalla strada.

Poi, piano piano, mentre eravamo seduti a parlare, su quel corpo ciclopico, molliccio e caldo, che faceva pensare alla consistenza della polenta dolce, salì un topo bianco e si diede, fiutando, a farvi passeggiatine sulle spalle; un gatto le si accoccolò nel grembo enorme, fra le gambe incapaci di congiungersi, un cane ai piedi, sulla traversa di una sedia mugolava una tortora e lungo i muri, nella penombra, qualche cosa appariva di continuo, lampeggiava, di pelo o penne, balzava, scompariva fuggendo in mezzo al cinguettìo, fra le gabbie, in un'afa acre, selvaggia.

Tutto mostrò contenta la sora Sofia, e ci fece vedere, soddisfatta di sè, dell'inquilina, e ripetendo come finale le lodi primitive, disse a mia madre che aveva un difetto solo, uno soltanto, e rideva, rideva parendo venirle meno il coraggio per dirle quale: era troppo pallida. E corsa al cassettone ritornò con un vasetto: «Troppo pallida», ripetè franca: «per una sposina così, troppo pallida sì: se lo provi e vedrà che mi darà ragione, sarà bellina il doppio.» Con quel vasetto nella mano tremante mia madre saliva le scale indignata, contratta per la rabbia di non essere stata abbastanza risoluta. Mostrò il vasetto a mio padre: era rossetto, non c'era da sbagliarsi più. Bisogna sapere che il bianco era permesso, rappre-

er im Wohnzimmer war) meinte, dass alle Frauen «Gaunerinnen» seien. Meine Mutter senkte den Blick – ich war glücklich. Er wurde sofort weggetragen, «der Lump, der Bösewicht, der Ungezogene». Der Affe sprang auf den Tisch, meine Mutter fuhr hoch und wollte erschrocken fliehen, aber Sora Sofia hielt sie zurück und beruhigte sie, indem sie Lilla an ihrem Platz auf der Fensterbank festband und auf die Stimmen antwortete, die daraufhin gleich von der Straße heraufkamen.

Während wir dann dasaßen und uns unterhielten, kam an ihrem zyklopenhaften schwabbeligen warmen Körper, der an die Konsistenz von süßer Polenta erinnerte, eine weiße Maus heraufgekrabbelt und lief schnuppernd auf ihren Schultern spazieren. Eine Katze kuschelte sich in den riesigen Schoß, zwischen die Beine, die sie nicht schließen konnte; zu ihren Füßen befand sich ein Hund, auf der Querleiste eines Stuhls gurrte eine Turteltaube, und im Halbschatten entlang den Wänden tauchte ständig irgendetwas Behaartes oder Gefiedertes blitzend auf, hüpfte und verschwand, indem es mitten hinein in das Zwitschern zwischen den Käfigen verschwand, in eine beißende und wildschwüle Luft.

Glücklich zeigte Sora Sofia uns alles, mit sich und der Nachbarin zufrieden, und wie als Finale die anfänglichen Lobeshymnen wiederholend, sagte sie zu meiner Mutter, dass sie nur einen Fehler habe, nur einen einzigen, und lachte und lachte, und es schien, als fehlte ihr der Mut, ihr zu sagen welchen, nämlich dass sie viel zu blass sei. Sora Sofia lief zur Kommode und kam mit einem Töpfchen zurück: «Viel zu blass», wiederholte sie frei heraus, «für so eine junge Braut wirklich viel zu blass. Versuchen Sie es damit, und Sie werden mir recht geben. Sie werden doppelt so hübsch sein.» Mit dem Töpfchen in der zitternden Hand ging meine Mutter entsetzt die Treppe hinauf, verkrampft vor Wut, weil sie nicht energisch genug gewesen war. Sie zeigte das Töpfchen meinem Vater. Es war Rouge, daran gab es keinen Zweifel. Dazu muss man wissen, dass Weiß erlaubt war, ja, es war derzeit

sentava anzi la sciccheria del momento e le donne di quello si potevano intonacare la faccia o infarinarsela come pesci per friggere, ma il rosso, ohibò!, non aveva corso legale, non era un colore perbene, rappresentava la volgarità. Venne deciso che ogni pur vaga relazione fosse troncata di netto con la pigionale del primo piano, anche il saluto, anche il «filino», purtroppo, anche uno sguardo. «Però il cardinale ti piace eh?» Era l'ultima arma che mi restava, l'ultimo legame …

Modi di dire

BASTIAN CONTRARIO *Chi contraddisce per abitudine. Si riferisce al carattere scorbutico del pittore fiorentino Bastiano di San Gallo (1481–1551), allievo del Perugino e condiscepolo di Raffaello.*

VIA BEPPE! *Andarsene in gran fretta per togliersi dai pasticci o dal pericolo. Questo modo di dire ha origine dal fatto che il poco amato imperatore d'Austria Francesco Giuseppe veniva soprannominato Cecco Beppe.*

ECCO IL VUOTAPENTOLE *Tocco della campana più grossa del Duomo di Firenze che suona a mezzogiorno, ora di pranzo. In origine il vuotapentole era un colpo di cannone dal Forte Belvedere.*

schick, und die Frauen konnten sich das Gesicht damit vollschmieren oder panieren wie Frittierfische, aber Rot, igittigitt! Das war rechtmäßig außer Kurs, war keine anständige Farbe, war der Inbegriff des Gewöhnlichen. Es wurde beschlossen, dass jede noch so lockere Verbindung mit der Bewohnerin vom ersten Stock glatt unterbunden werden musste, selbst das Grüßen, leider auch das «Schnürchen», selbst jeglicher Blick. «Aber der Kardinal gefällt dir doch, was?» Es war die letzte Waffe, die mir blieb, das letzte Band …

Redensarten

BASTIAN WIDERSPRUCH *Jemand, der gewohnheitsmäßig widerspricht. Bezieht sich auf den mürrischen Charakter des florentinischen Malers Bastiano di San Gallo (1481–1551), Schüler des Perugino und Mitschüler Raffaels.*

BEPPE LAUF! *Schleunigst abhauen, um einem Ärger oder einer Gefahr zu entgehen. Die Redewendung geht darauf zurück, dass der nicht besonders beliebte österreichische Kaiser Franz Joseph den Spitznamen Cecco Beppe hatte.*

DA IST DER TOPFLEERER *Der Schlag der größten Glocke des Doms von Florenz, der mittags zur Essenszeit ertönt. Ursprünglich war der Topfleerer ein Kanonenschuss vom Forte Belvedere.*

Franco Sacchetti: Un consiglio di Dante

Fu già nella città di Genova uno scientifico cittadino, e in assai scienze bene sperto, ed era di persona piccolo e sparutissimo. Oltre a questo era forte innamorato d'una bella donna di Genova, la quale, o pèr la sparuta forma di lui, o per moltissima onestà di lei o per che che si fosse la cagione, giammai non che ella l'amasse, ma mai gli occhi in verso lui tenea, ma più tosto, fuggendolo, in altra parte gli volgea.

Onde costui, disperandosi di questo suo amore, sentendo la grandissima fama di Dante Allighieri, e come dimorava nella città di Ravenna, al tutto si dispose d'andar là per vederlo, e per pigliare con lui dimestichezza, desiderando avere da lui o consiglio, o ajuto, come potesse entrare in amore a questa donna, o almeno non esserle così nimico; e così si mosse, e pervenne a Ravenna; là dove tanto fece, che fu a un convito, dove era il detto Dante.

Ed essendo alla mensa assai di presso l'uno all'altro, il Genovese, veduto tempo, disse: O messer Dante, io ho inteso assai della vostra virtù, e della fama che di voi corre; potre' io avere alcun consiglio da voi? Disse Dante: Purché io ve lo sappia dare. Allora il Genovese dice: Io ho amato e amo una donna con tutta quella fede, che amore vuole che s'ami, giammai da lei, non che amore mi sia stato conceduto, ma solo d'uno sguardo mai non mi fece contento.

Udendo Dante costui, e veggendo la sua sparuta vista, disse: Messere, io farei volentieri ogni cosa, che vi piacesse; e di quello che al presente mi domandate, non ci veggio altro che un modo, e questo è, che voi sapete, che le donne gravide hanno sempre vaghezza di cose strane; e però converrebbe che questa donna,

Franco Sacchetti: Ein Ratschlag Dantes

In der Stadt Genua lebte einst ein in mehreren Wissenschaften kundiger Bürger, der war von kleinem und sehr schmächtigem Wuchs. Dieser Mann war sehr verliebt in eine schöne Frau aus Genua, die ihn, sei es wegen seiner schmächtigen Gestalt, sei es wegen ihrer allzu großen Ehrenhaftigkeit, oder aus welchem Grund auch immer, nicht nur nicht liebte, sondern noch nicht einmal eines Blickes würdigte und eher schnell ausweichend ihre Augen von ihm abwandte.

Da der Mann wegen seiner Liebe verzweifelt war und von dem großen Ruhm des Dante Alighieri hörte und erfuhr, dass dieser in der Stadt Ravenna weilte, war er bestrebt, sich gleich dorthin zu begeben und ihn aufzusuchen, um ihn zu sehen und seine Bekanntschaft zu machen. Er hoffte von ihm Rat oder Hilfe zu bekommen, wie er es anstellen könne, dass die Frau sich in ihn verliebe oder ihm zumindest nicht so feindlich gesinnt sei. Darum machte er sich auf den Weg, kam nach Ravenna und brachte es dort fertig, an einem Gastmahl teilzunehmen, wo besagter Dante war.

Da sie an der Tafel recht nah beisammen saßen, sagte der Genueser zu gegebener Zeit: Messer Dante, ich habe viel von Eurer Tugend gehört und von dem Ruhm, der Euch umgibt. Könnte ich von Euch einen Rat bekommen? Dante sagte: Wenn ich Euch einen geben kann. Da sagt der Genueser: Ich habe eine Frau geliebt und liebe sie noch mit all der Hingabe, die von der Liebe zu verlangen ist. Doch diese Frau hat mir nie ihre Liebe geschenkt, ja, sie hat mich noch mit keinem einzigen Blick erfreut.

Dante hörte ihn an, betrachtete seine schmächtige Erscheinung und sagte: Messer, ich möchte Euch gern gefällig sein. Für das, was Ihr da gerade vorgebracht habt, sehe ich nur eine Möglichkeit: Ihr wisst, dass schwangere Frauen immer Gelüste auf eigenartige Dinge haben. Es wäre also gut, wenn

che cotanto amate, ingravidasse; essendo gravida, come spesso interviene, ch'ell'hanno vizia, di cose nuove, così potrebbe intervenire, che ella avrà vizio di voi; e a questo modo potreste venire ad effetto del vostro appetito; per altra forma sarebbe impossibile.

Il Genovese, sentendosi mordere, disse: Messer Dante, voi mi date consiglio di due cose più forte, che non è la principale; perocchè forte cosa sarebbe, che la donna ingravidasse, perocchè mai non ingravidò; e vie più forte sarebbe, che poi ch'ella fosse ingravidata, considerando di quante generazioni di cose ell'hanno voglia, che ella s'abbattesse ad avere voglia di me. Ma in fe di Dio, che altra risposta non si convenia alle mia domanda, che quella che mi avete fatto.

E riconobbesi questo Genovese, conoscendo Dante per quello ch'egli era, meglio che non avea conosciuto se, che er sì fatto, che erano poche, che non l'avessono fuggito. E conobbe Dante sì, che più dì stette il Genovese in casa sua, pigliando grandissima dimestichezza per tutti li tempi che vissono.

Questo Genovese era scienziato, ma non dovea essere filosofo, come la maggior parte son oggi; perocchè la filosofia conosce tutte le cose per natura; e chi non conosce se principalmente, come conoscerà mai le cose fuora di se? Costui, se si fosse specchiato, o con lo specchio della mente, o col corporale, avrebbe pensato la forma sua, e considerato che una bella donna, eziandio essendo onesta, è vaga, che chi l'ama abbia forma di uomo, e non di vilpistrello. Ma e' pare, che li più son tocchi da quel detto comune: e' non ci ha maggiore inganno, che quello di se medesimo.

die Frau, die Ihr so sehr liebt, schwanger würde. Wenn sie schwanger wäre, könnte es geschehen, dass sie – da Schwangere oft Lust auf etwas Neues haben – Lust auf Euch bekommt. Auf diese Weise könntet Ihr Euer Verlangen stillen. Auf andere Art ist es unmöglich.

Der Genueser, der sich getroffen fühlte, sagte: Messer Dante, Ihr ratet mir zwei Dinge, die noch schwieriger sind als das Eigentliche. Man kann sich kaum vorstellen, dass diese Frau schwanger wird, denn sie war es noch nie. Und selbst wenn sie schwanger wäre – wenn man bedenkt, auf wie unendlich vielerlei man Lust haben kann: Es wäre unvorstellbar, dass sie ausgerechnet Lust auf mich bekäme. Bei Gott, es gab keine andere Antwort auf meine Frage als die, die Ihr mir gegeben habt.

Der Genueser gestand sich ein – nachdem Dante ihn besser als er sich selbst als den erkannt hatte, der er war –, dass es wenige Frauen gab, die ihm nicht aus dem Weg gegangen wären. Er lernte Dante so gut kennen, dass er mehrere Tage in dessen Haus verbrachte und dass sie für den Rest ihres Lebens in guter Verbindung blieben.

Dieser Genueser war ein Wissenschaftler, aber kein Philosoph – wie die meisten heutzutage. Die Philosophie erkennt alles und jedes von seiner Natur her. Wenn einer sich nicht von Grund auf selbst kennt, wie soll er jemals das erkennen, was außerhalb seiner selbst ist? Hätte der Genueser sich in einem Spiegel betrachtet – in einem geistigen oder in einem tatsächlichen –, dann hätte er eingedenk seiner Gestalt bedacht, dass eine schöne und noch dazu ehrenhafte Frau den Wunsch hat, der, den sie liebt, möchte wie ein Mann aussehen und nicht wie eine Fledermaus. Aber es scheint so, als treffe auf die meisten das gängige Sprichwort zu: Der größte Betrug ist der Selbstbetrug.

Michelagniolo Buonarroti: Madrigale

Si come per levar, Donna, si pone
In pietra alpestra e dura
Una viva figura,
Che là più crescie, u' più la pietra scema,
Tal alcun' opre buone
Per l'alma, che pur trema,
Cela il superchio della propria carne
Col inculta sua cruda e dura scorza.
Tu pur dalle mie streme
Parti puoi sol levarne,
Ch' in me non è di me voler ne forza.

Giovambattista Strozzi: Sopra la *Notte* del Buonarroto

La notte, che tu vedi in sì dolci atti
dormir, fu da un Angelo scolpita
in questo sasso, e perché dorme ha vita.
Destala, se nol credi, e parleratti.

Risposta del Buonarroto

Caro m'è 'l sonno, e più l'esser di sasso,
mentre che 'l danno e la vergogna dura,
non veder, non sentir, m'è gran ventura:
però non mi destar, deh! parla basso.

Michelangelo: Madrigal

Erst durch den Meißelschlag entsteht,
o Herrin, aus dem harten Stein
lebendige Gestalt.
Sie wächst je mehr, je mehr der Stein verschwindet.
Es gibt auch manchen guten Kern
in meiner Seele, doch sie zittert unter
der Übermacht des eigenen Fleisches
mit seiner harten, rohen, rauen Schale.
Nur du kannst mich aus dieser
elenden Not befreien.
Mir selber fehlt der Wille und die Kraft.

Giovanni Strozzi: Auf die *Nacht* des Michelangelo

Die Nacht, die du in holdester Gebärde
hier schlafen siehst, ist aus dem Stein gemeißelt
vom Engel Michael. Sie schlummert, also lebt sie.
Du glaubst nicht? Weck sie auf! Sie spricht zu dir.

Michelangelos Antwort (deutsch von Rainer Maria Rilke)

Schlaf ist mir lieb, doch über alles preise
ich, Stein zu sein. Währt Schande und Zerstören,
nenn ich es Glück, nicht sehen und nicht hören.
Drum wage nicht zu wecken. Ach, sprich leise!

Antonio Tabucchi: Borgo, soltanto

A quei tempi, probabilmente, Borgo si chiamava ancora Borgo a. Magari Borgo alla Torre, per quella torraccia in rovina la cui unica apparente utilità era di offrire alloggio a corvi e cornacchie; o Borgo ai Paduli, per i paduli densi di cannelle poi bonificati dal fascismo con l'ordine di feste agrarie cui non partecipò nessuno; o Borgo alla Marina, perché seguitando per lo stradone polveroso si raggiungeva, ad aver le gambe buone, una marina pallida orlata di dune cespugliose dove le donne, smorzatesi le calure della piena estate, lasciavano i vestiti e si avviavano all'acqua coi braconi; o Borgo al Convento, perché lo dominava dall'alto del colle un convento decrepito in cui si venerava una Madonna del Latte, e che poi fu trasformato in ristorante dancing. Delle vecchie suore e dei loro cappelloni candidi e appuntiti avrebbe però conservato il nome.

Essere poveri, a Borgo, voleva dire tagliare cannelle di padule. Gli uomini partivano avanti giorno su carri lenti. Il paese era vago a quell'ora, con la torre indefinita che cercava la sua verità pratica nella nebbia. Il carro di guida aveva un lume sotto il mòzzo posteriore, per far strada. Non c'erano canzoni, per non mangiare aria fredda, e il cappello fino agli occhi era la nostalgia del letto. Ai paduli arrivavano col sole alto ed entravano nelle barche due uomini ciascuna, uno per tagliare e l'altro per remare, a turno. Avanzavano in circolo come battitori di animali immaginari, e ritornavano solo con le barche piene. Allora era mezzogiorno e sotto i pioppi delle rive mangiavano pane e cipolla. Poi ricominciavano, fino a sera. Arrivavano a casa a notte alta, grattando

Antonio Tabucchi: Ganz einfach Borgo

Wahrscheinlich hieß Borgo zu jenen Zeiten noch Borgo a. Vielleicht Borgo alla Torre, wegen der hässlichen großen Turmruine, die offenbar allein dazu diente, den Raben und Krähen Unterschlupf zu bieten; oder Borgo ai Paduli, wegen der dicht mit Schilf bewachsenen Sümpfe, die dann vom Faschismus trockengelegt wurden, mit der Maßgabe, landwirtschaftliche Feste zu feiern, an denen niemand teilnahm; oder Borgo alla Marina, weil man, wenn man der staubigen Straße folgte und gut zu Fuß war, zu einem blassen Meer mit buschbewachsenen Dünen kam, wo die Frauen, wenn die Hitze des Hochsommers nachgelassen hatte, ihre Kleider ablegten und sich im Badeanzug bis zum Knie ins Wasser begaben; oder Borgo al Convento, weil ihn, von einem hohen Hügel aus, ein baufälliges Kloster beherrschte, in dem man eine Madonna del Latte anbetete und das dann in ein Dancing-Restaurant umgewandelt wurde. Aber von den alten Schwestern und ihren schneeweißen Hauben hätte er doch den Namen bewahrt.

In Borgo arm zu sein, bedeutete: Schilfrohr zu schneiden. Vor Tagesanbruch fuhren die Männer auf langsamen Karren los. Der Ort war zu dieser Stunde noch dämmrig, mit dem undeutlichen Turm, der seinen Sinn und Zweck im Nebel suchte. Der erste Karren hatte eine Laterne unter der Hinterachse, um den Weg zu weisen. Es wurde nicht gesungen, damit man nicht kalte Luft schluckte, und der tief ins Gesicht gezogene Hut war die Sehnsucht nach dem Bett. Wenn sie an die Sümpfe kamen, stand die Sonne hoch; je zwei Männer bestiegen ein Boot, der eine, um das Schilfrohr zu schneiden, der andere, um zu rudern, abwechselnd. Sie bewegten sich kreisend vorwärts wie Jagdtreiber um ein eingebildetes Rudel Wild; zurück fuhren sie erst, wenn die Boote voll waren. Dann war Mittag, und sie aßen Brot und Zwiebeln unter den Pappeln an den Ufern. Danach begannen sie von Neuem, bis zum Abend.

il silenzio del paese col cigolio dei carri. La domenica andavano a vendere le cannelle alla Fattoria Vecchia, che era padrona dei monti e del lago. Li riceveva un fattore corpulento e oleoso, sempre ad allentarsi la cintola che impediva l'espansione continua della pancia. Era lui che dettava i prezzi, e non tollerava discussioni.

Plinio tagliava cannelle di padule, come gli altri.

Passavano camion con rimorchi mostruosi che facevano tremare Borgo nottetempo. Camionisti settentrionali, con parlata semincomprensibile, chiedevano cotolette alla milanese in una trattoria dove si era sempre mangiato soltanto zuppa di fagioli. Il nodo ferroviario diventò stazione con tanto di pensilina e nome su cartello di smalto:

BORGO ALLE CONSERVE

anche se nessuno chiamò mai Borgo con questo nome.

Canto popolare

Tutti mi dicono Maremma, Maremma,
e a me mi pare una Maremma amara,
l'uccello che ci va perde la penna,
io c'ho perduto una persona cara.

Sia maldetta Maremma, Maremma;
sia maldetta Maremma e chi l'ama,
sempre mi trema il còr quando ci vai
ché ho paura che non torni mai.

Spätnachts kehrten sie heim, mit dem Knirschen der Karren an der Stille des Ortes kratzend. Sonntags verkauften sie das Schilfrohr in der Alten Faktorei, dem Herrschaftsgut der Berge und des Sees. Ein dickbäuchiger schmieriger Verwalter, der seinen Gürtel, der die ständige Ausdehnung seines Bauches verhinderte, immer weiter schnallte, nahm sie in Empfang. Er schrieb die Preise vor und duldete keine Diskussionen.

Plinio schnitt Sumpfschilfrohr wie die anderen.

Lastwagen mit gewaltigen Anhängern, die Borgo nachts erzittern ließen, fuhren vorbei. Lastwagenfahrer aus dem Norden bestellten mit halb unverständlicher Sprache Schnitzel alla milanese in einem Lokal, in dem man immer Bohnensuppe gegessen hatte. Der Eisenbahnanschluss wurde zum Bahnhof mit Bahnsteigdach und einem Namen auf dem Emailleschild:

BORGO ALLE CONSERVE

auch wenn Borgo von niemandem so genannt wurde.

Volkslied

Alle reden mir zu: Maremma, Maremma,
doch mir erscheint die Maremma bitter,
der Vogel, der hinfliegt, verliert seine Federn,
ich hab einen lieben Menschen verloren.

Verflucht soll sie sein, die Maremma, Maremma,
verflucht die Maremma, und wer sie liebt,
wann immer du hingehst, zittert mein Herz
vor Angst, du kehrst mir nimmer zurück.

Arrigo Benedetti: Le mura di Lucca

Il padre di Ciro era nato in uno di quei quartieri dove la gente più antica vive nascosta al resto della città. Dopo il ginnasio-liceo, era stato all'università più vicina; sposandosi, aveva abbandonato la casa del padre legnaiolo, cominciando, da allora, a dare un senso ai rancori accumulati fin da quando, al ginnasio-liceo, s'era sentito vestito male e meno disinvolto degli altri. Soffriva sapendo d'essere stimato a causa dei sacrifici sopportati per ottenere le borse di studio. Una vergogna. Non frequentava i caffè, non era socio dei circoli. D'estate, non affittava una villa, e neanche una vera e propria casa, ma pagava a un operaio una piccola somma per due stanze e l'uso della cucina. In tram a vapore, viaggiava in seconda classe, interrogando i contadini non per constatare fino a quale punto rispettassero la purezza della lingua ma per conoscerne le abitudini. Non andava mai in chiesa, neanche la settimana santa, quando anche gli agnostici dichiarati vi si recavano, ad ascoltare le musiche. Non indossava mai la cappa col cappuccio nero della Misericordia, non andava a visitare i malati, a vestire i morti, non partecipava incappato e incappucciato, a piedi nudi, alla processione del venerdi santo, nella città buia rischiarata dai ceri. Allora, le strade sembravano ancora più strette. La gente sapeva di chi era quel piede nudo. «È del marchese Bodini» dicevano, «È del conte Gambogi.» Anche il professor Fortezza, un forestiero, che domandava venti lire per una visita, a domicilio, procedeva scalzo, adattatosi subito agli usi. C'erano perfino dei garibaldini, tintori, pellai, calderai, carbonai.

Arrigo Benedetti: Die Stadtmauer von Lucca

Ciros Vater war in einem der Viertel geboren, wo die schon länger ansässigen Leute vom Rest der Stadt verborgen leben. Nach dem Gymnasium war er an die nächstgelegene Universität gegangen. Mit der Heirat hatte er das Haus des Vaters, eines Tischlers, verlassen. Damals begann er den sich seit der Gymnasialzeit in ihm angestauten Groll zu verstehen, der Zeit, in der er sich schlecht gekleidet und nicht so unbeschwert wie die anderen gefühlt hatte. Er litt, weil er wusste, dass man ihm wegen der Opfer wohlwollte, die er brachte, um ein Stipendium zu bekommen. Was für eine Schande! Er ging nicht in Cafés und war in keinem Verein Mitglied. Er mietete im Sommer keine Villa, er hatte nicht einmal eine richtige eigene Wohnung, sondern zahlte einem Arbeiter einen geringen Betrag für zwei Zimmer mit Küchenbenutzung. Er fuhr in der dampfgetriebenen Straßenbahn zweiter Klasse und unterhielt sich dort mit den Bauern, nicht um festzustellen, wieweit sie die Reinheit der Sprache beachteten, sondern um ihre Gewohnheiten kennenzulernen. Er ging nie in die Kirche, nicht einmal in der Karwoche, wenn selbst erklärte Agnostiker sich dorthin begaben, um die Musik zu hören. Er trug nie das schwarze Ordenskleid der Barmherzigen Brüder, er ging weder die Kranken besuchen noch die Toten kleiden, er beteiligte sich nicht in Mantel und Kapuze und mit nackten Füßen an der Karfreitagsprozession durch die dunkle, von Kerzen erleuchtete Stadt. Da schienen die Straßen noch enger. Die Leute wussten, von wem welcher nackte Fuß war. «Der ist vom Marchese Bondini» sagten sie, «und der vom Grafen Gambogi.» Auch Professor Fortezza, ein Fremder, der zwanzig Lire für einen Hausbesuch verlangte, hatte sich sofort den Bräuchen angepasst und ging barfuß mit. Sogar Garibaldianer, Färber, Gerber, Kesselschmiede und Köhler waren dabei.

Invece, il professor Favilla, il venerdì santo, passeggiava sulle Mura con Ciro, entrambi dimentichi che nelle chiese c'erano i sepolcri, affogati nei cuscini di fiori. Il pensiero di quell'odore di cera e di garofani li disgustava, accentuando l'uniformità della loro espressione. L'ombra baluginante che c'è sotto le navate romaniche o gotiche-toscane non li attraeva. Passeggiavano nell'aria cruda della primavera, con le loro membra aguzze, rattrappite negli abiti lisi. «Addio Ardighi, addio Moschi, addio Lippini, addio Favilla.» Altri uomini, quel giorno, passeggiavano sulle Mura, Massimo il viveur, che però non salutava nessuno, e che nessuno salutava a causa dei suoi abiti attillati, da attore. Di quei passeggiatori, alcuni ricordavano Giuseppe Verdi, certi altri Giuseppe Mazzini o Giuseppe Garibaldi. «Alla grazia del professore», dicevano quei Giuseppi, ammirando il figlio d'un felagname che di Giuseppe Verdi era il sosia.

Ciro e il padre si fermavano anche davanti al portone della Croce Verde da cui usciva il tanfo della creolina. Il professore si sentiva circondato subito dall'affettuoso silenzio dei consoci, tra i quali, quelli di guardia, portavano un berretto nero con la visiera lucida. Ascoltava. Era come se il rumore d'un fiume s'avvicinasse: un brontolio intimo, terrestre. La processione lenta attraversava una strada buia, affollata, dove le luci dei ceri tremavano. Assiepati contro i muri, gli uomini si levavano il cappello, le donne si coprivano coi fazzoletti da naso, poche portando il velo; in mezzo, scorrevano gli incappucciati: un'immagine che lasciava dietro di sé un flusso d'odori e di suoni.

Appena sembrava che dovesse ristabilirsi il silenzio serale, s'udiva uno scalpiccio di passi, la

Professor Favilla hingegen ging am Karfreitag mit seinem Sohn Ciro auf der Stadtmauer spazieren, und keiner der beiden dachte an die unter Blumenkissen erstickten heiligen Gräber in den Kirchen. Der Gedanke an den Geruch nach Wachs und Nelken ekelte sie und verstärkte die Einstimmigkeit ihres Gesichtsausdrucks. Der unter den romanischen und toskanisch-gotischen Kirchenschiffen flackernde Schatten zog sie nicht an. Spitzgliedrig und zusammengekrümmt in ihren durchgescheuerten Anzügen gingen sie in der rauen Frühlingsluft spazieren. «Hallo Ardighi, hallo Moschi, hallo Lippini, hallo Favilla.» Auch andere Menschen gingen an diesem Tag auf der Stadtmauer spazieren, zum Beispiel Massimo, der Lebemann, der allerdings keinen grüßte und den keiner grüßte, und zwar wegen seiner eng anliegenden Schauspieleranzüge. Von den Spaziergängern erinnerten einige an Giuseppe Verdi, manche anderen an Giuseppe Mazzini oder Giuseppe Garibaldi. «Respekt, der Herr Professor», sagten all diese Giuseppes und bewunderten den Sohn eines Tischlers, der ein Doppelgänger von Giuseppe Verdi war.

Ciro und sein Vater blieben auch vor dem Tor des Grünen Kreuzes stehen, aus dem der üble Gestank nach Kreolin drang. Der Professor fühlte sich sogleich vom liebevollen Schweigen der freiwilligen Mitglieder umgeben, von denen diejenigen, die Wache hatten, eine schwarze Mütze mit blankem Schild trugen. Er lauschte. Es war, als näherte sich das Rauschen eines Flusses, ein vertrautes, diesseitiges Murmeln. Die langsame Prozession zog durch eine dunkle Straße voller Menschen, in der die Flammen der Kerzen flackerten. Alle drückten sich an die Mauer, die Männer nahmen die Hüte ab, die Frauen bedeckten ihre Köpfe mit Taschentüchern, nur wenige trugen einen Schleier; dazwischen glitten die mit den Kapuzen hindurch. Es war ein Bild, das eine Flut von Gerüchen und Klängen hinter sich zurückließ.

Als es gerade schien, die abendliche Stille müsse wieder einkehren, hörte man das Getrappel von Schritten; eine Bahre

lettiga con le ruote pneumatiche usciva dalla rimessa e, preannunciata da un giulivo scampanellio, s'addentrava nella città. I consoci la spingevano avanti, con passo leggerissimo; volavano verso le donne svenute non avendo saputo resistere alla nausea provocata dall'odore della cera, dell'incenso, delle cappe incerate o al pensiero di Nostro Signore dal costato trafitto.

« Ricordano con spirito pagano la morte d'un uomo giusto », esclamava il professore.

« È vero, è vero », dicevano i consoci.

Lo scampanellio giulivo svaniva, il rumore che ricordava le alluvioni autunnali s'allontanava. Tutti si mettevano a pensare a che cosa avrebbero potuto fare prima d'andare a letto, trovando solo l'attrattiva della cena e dei soliti cibi serali, minestrine, fagioli, frittate, radicchio e uova sode ... Ormai, era quasi notte, gli accattoni sarebbero arrivati presto, sottomessi come sempre, però con una luce torva negli occhi. Quella sera, tardavano, anch'essi seguivano la processione, in coda dopo la gente venuta dalla campagna, coi loro stracci e le loro lamentele.

Certe volte, il professore e il figlio, vagando per la città deserta, si sentivano sfiorare improvvisamente da un'onda sonora a cui non sapevano sottrarsi. Allora, s'addossavano al muro, aspettavano a testa alta, con una loro fierezza, non si toglievano il cappello e s'irrigidivano, quasi temessero d'essere sfiorati dalle fiamme dei ceri inclinati verso l'esterno della processione, allo scopo di scolare il moccolo dai filamenti bianchi e caliginosi che riempivano l'aria col loro dolciastro odore funebre. Ciro guardava i calcagni esangui che si posavano sulle pietre, gli alluci ritorti, le unghie

mit luftbereiften Rädern kam aus ihrem Schuppen heraus und rollte, von fröhlichem Geklingel angekündigt, in die Stadt. Die Mitglieder schoben sie leichten Schritts voran, flogen zu den ohnmächtig gewordenen Frauen, welche die durch den Geruch nach Wachs, Weihrauch und wachsbefleckten Kapuzen hervorgerufene Übelkeit oder den Gedanken an unseren Herrn und seine durchbohrte Seite nicht ertragen konnten.

«Mit heidnischem Geist gedenken sie des Todes eines gerechten Mannes», rief der Professor aus.

«Gewiss, das ist wahr», sagten die anderen.

Das fröhliche Geläute verklang, und das an herbstliche Überschwemmungen erinnernde Rauschen entfernte sich. Alle begannen darüber nachzudenken, was man vor dem Zubettgehen noch unternehmen könnte, wobei sie eigentlich nur ein gutes Abendessen lockte, mit den üblichen Speisen – Süppchen, Bohnen, Omelette, Radicchiosalat und harte Eier … Inzwischen war es fast Nacht, bald würden die Bettler kommen, unterwürfig wie immer, doch mit einem finsteren Leuchten in den Augen. An jenem Abend ließen sie auf sich warten, auch sie folgten der Prozession, mit ihren Lumpen und ihren Klagen, ganz am Ende des Zuges, noch hinter den Leuten, die vom Land gekommen waren.

Manchmal, wenn der Professor und sein Sohn durch die verlassene Stadt streiften, fühlten sie sich unversehens von einer rauschenden Welle berührt, der sie sich nicht entziehen konnten. Dann lehnten sie sich an die Mauer, warteten in ihrem Stolz mit erhobenem Kopf, nahmen den Hut nicht ab und wurden ganz starr, fast als fürchteten sie, von den Flammen der Kerzen berührt zu werden, die aus der Prozession schräg nach außen gehalten wurden, damit die weißen und rußgeschwärzten Wachsfäden, die die Luft mit ihrem süßlichen Begräbnisgeruch erfüllten, von den Kerzen abtropften. Ciro betrachtete die blutleeren Fersen, die auf die Steine traten, die krummen großen Zehen mit den abscheulichen

mostruose; poi, risaliva alle aperture oblunghe delle bautte, dietro cui balenavano sguardi lucenti che si posavano su di lui e sul padre, vividi e inespressivi.

Appena appariva il palco luminoso, un silenzio teatrale colmava tutta la strada, fino ai tetti dove cominciava il silenzio. I canti, i suoni, le preghiere salivano verso il pertugio fra le gronde, distinti gli uni dagli altri, insieme alle imprecazioni soffocate con cui, i portatori, esprimevano lo sforzo o si davano il tempo. Passato il palco coi suoi grappoli di sfere bianche, simili e quelle che pendono dai bracci dei lampioni di bronzo nelle piazze, il sentimento che ormai coinvolgeva tutti, gli agnostici che non si sarebbero inginocchiati, e i devoti che cadevano giù, convergeva verso il baldacchino giallo, sostenuto da aste leggiere e foderato di velluto, che procedeva lento, come se le sue strutture eleganti pesassero più del massiccio calvario di legno. I sostenitori parevano volersi arrendere da un momento all'altro.

Il piccolo e vecchio arcivescovo avanzava sorridendo con un movimento meccanico delle mascelle esangui. Benediceva a scatti; poi, sollevava il pastorale d'argento, lo spostava da una pietra all'altra, come se volesse tastare il terreno su cui avanzava a testa alta. Quel giallo, quell'oro e quei gesti diffondevano un senso di grande sicurezza. Tutti dimenticavano il sepolcro, il costato ferito dalle stille purpuree, gli incappati della Misericordia e l'odore diffuso dai filamenti di cera ... Ora, nell'aria, andavano i vapori dell'incenso. La mente tornava al pasticche e pastocche detto tanti anni prima, con voce confidenziale, e ognuno ne sorrideva, felice d'avere subito quella carezzevole violenza. Era un sollievo. Come quando dopo un

Nägeln; dann hob er den Blick zu den länglichen Öffnungen der Kapuzen, hinter denen die leuchtenden Blicke aufblitzten, die sich lebhaft aber ausdruckslos auf ihn und seinen Vater richteten.

Sobald die hell erleuchtete Tribüne auftauchte, erfüllte theatralische Stille die ganze Straße, bis zu den Dächern, wo die wirkliche Stille begann. Gesänge, Klänge, Gebete stiegen hinauf zum Spalt zwischen den Dachrinnen, jedes für sich, zusammen mit den unterdrückten Flüchen, mit denen die Träger ihre Anstrengung zum Ausdruck brachten oder sich den Takt gaben. Nach dem Vorbeiziehen der Tribüne mit ihrer Traube aus weißen Kugeln, ähnlich denen, die an den Armen der Bronzelaternen auf den Plätzen hängen, galt nun die Gefühlsregung, die jetzt alle erfasst hatte – sowohl die Agnostiker, die sich nie hinknien würden, als auch die Gläubigen, die auf die Knie fielen –, dem gelben, von leichten samtüberzogenen Stangen gehaltenen Baldachin, der so langsam daherkam, als wögen seine eleganten Formen mehr als die massive hölzerne Leidensgeschichte. Die Träger sahen aus, als wollten sie jeden Augenblick aufgeben.

Der kleine alte Erzbischof schritt mit einer mechanischen Bewegung seiner blutleeren Wangen lächelnd voran. Er segnete ruckartig, hob dann den silbernen Bischofsstab, setzte ihn von einem Stein auf den andern, als wollte er den Boden abtasten, auf dem er erhobenen Hauptes voranschritt. Dieses Gelb, dieses Gold und diese Gesten verbreiteten ein Gefühl großer Sicherheit. Alle vergaßen das heilige Grab, die verletzte Seite mit den purpurnen Tropfen, die Barmherzigen Brüder mit ihren Kapuzen und den von den Wachsfäden verbreiteten Geruch … Jetzt stiegen die Weihrauchdämpfe in die Luft. Der Verstand kehrte zurück zu den verwirrenden Geschichten und Märchen, die man vor vielen Jahren von vertrauter Stimme gehört hatte, und jeder lächelte darüber, froh, diese schmeichelnde Gewalt erlitten zu haben. Es war eine Erleichterung. Wie wenn nach einem Gewitter, das die elektri-

temporale che ha interrotto l'erogazione dell'energia elettrica, proprio nell'istante in cui ci s'arrende a un eterno buio – o ci si decide a cercare le candele – le lampade si riaccendono e le ombre maligne rientrano dentro le pareti da cui erano uscite.

Ormai, lo sgomento, cominciato a farsi sentire al passaggio dei primi incappati, era cresciuto irresistibilmente fino a svegliare in tanti il timore di non saper resistere alla tentazione. Era parso impossibile non cedere. Il pensiero andava all'abside d'una chiesetta, allora priva di culto, dove sbiadito dagli anni, c'era l'affresco d'un blasfemo inghiottito dall'abisso di fuoco. La Madonna guarda stupita l'uomo che l'ha colpita col sasso, l'empio, prima d'essere inghiottito, si rattrappisce accecato dai bagliori suscitati dal gesto, frutto d'un improvviso desiderio.

Quando s'avvicinerà il baldacchino giallo, si sarà capaci di trattenere un grido? Monsignor Marchi, Arthur archiaepiscopus, è lí, scruta tutti, con quella sua aria di volersi ricordare i volti, e tutti finiscono con abbassare lo sguardo.

Il professor Favilla e Ciro, per resistere, guardano nel vuoto; s'addossano ancora di più al muro, poi, quando il baldacchino passa, scivolano via, verso le strade deserte, le Mura …

Modo di dire

VIENI QUA TI FÒ VEDER LUCCA *Scherzo che si fa ai bambini piccoli sollevandoli da terra dopo averli presi per la testa a mani aperte.*

sche Stromversorgung unterbrochen hat, genau in dem Augenblick, in dem man sich einer ewigen Dunkelheit ergibt – oder sich entschließt, die Kerzen zu suchen –, die Lampen wieder angehen und die tückischen Schatten sich wieder in die Wände zurückziehen, aus denen sie herausgekommen waren.

Jetzt war die beim Vorbeiziehen der ersten Kapuzenträger spürbar gewordene Erschütterung unwiderstehlich angewachsen, bis sie in vielen die Furcht weckte, der Versuchung nicht widerstehen zu können. Es schien unmöglich, nicht nachzugeben. Der Gedanke schweifte in die Apsis einer kleinen Kirche, in der damals kein Gottesdienst gewesen war, wo sich das von den Jahren verblasste Fresko eines vom Abgrund des Feuers verschlungenen Gotteslästerers befand. Erstaunt blickt die Madonna auf den Mann, der einen Stein nach ihr geworfen hat, und bevor der Gottlose verschlungen wird, zuckt er geblendet zusammen unter dem durch seine Untat – die Ausgeburt eines plötzlichen Verlangens – bewirkten leuchtenden Blitz.

Wird man, wenn sich der gelbe Baldachin nähert, stark genug sein, einen Schrei zu unterdrücken? Monsignore Marchi, der Erzbischof Arthur, ist da und schaut alle mit seiner forschenden Miene an, als wollte er sich die Gesichter merken, und schließlich senken alle den Blick.

Um standzuhalten, sehen Professor Favilla und Ciro in die Leere. Sie drücken sich noch fester an die Mauer, und dann, wenn der Baldachin vorbeikommt, schlüpfen sie weg in die verlassenen Straßen, zur Stadtmauer hin …

Redensart

KOMM HER, ICH ZEIG DIR LUCCA *Scherz, den man mit kleinen Kindern macht, indem man sie mit beiden Handflächen am Kopf packt und hochhebt.*

Galileo Galilei: Lettera a Elia Diodati, 25 Luglio 1634

Molto Ill.re Sig.re P.rone Col. mo.
Spero che l'intender V. S. i miei passati e presenti travagli, insieme col sospetto di altri futuri, mi renderanno scusato appresso di lei e degli altri amici e padroni di costà della dilazione nel rispondere alle sue lettere, e appresso di quelli del totale silenzio, mentre da V. S. potranno esser fatti consapevoli della sinistra direzzione che in questi tempi corre per le cose mie.

Nella mia sentenza in Roma restai condennato dal S.to Offizio alle carceri ad arbitrio di S. S.tà; alla quale piacque di assegnarmi per carcere il palazzo e giardino del Granduca alla Trinità de' Monti; e perché questo seguì l'anno passato del mese di Giugno, e mi fu data intenzione che, passato quello e il seguente mese, domandando io grazia della total liberazione, l'avrei impetrata, per non aver (costretto dalla stagione) a dimorarvi tutta la state e anco parte dell'autunno, ottenni una permuta in Siena, dove mi fu assegnata la casa dell'Arcivescovo: e quivi dimorai cinque mesi, dopo i quali mi fu permutata la carcere nel ristretto di questa piccola villetta, lontana un miglio da Firenze, con strettissima proibizione di non calare alla città, nè ammetter conversazioni e concorsi di molti amici insieme, né convitargli.

Qui mi andavo trattenendo assai quietamente con le visite frequenti di un monasterio prossimo, dove avevo due figliuole monache, da me molto amate e in particolare la maggiore, donna di esquisito ingegno, singolar bontà e a me affezzionatissima. Questa, per radunanza di umori melanconici fatta nella mia assenza, da lei creduta travagliosa, finalmente

Galileo Galilei: Brief an Elia Diodati, 25. Juli 1634

Hochwohlverehrter, wohlgelehrter Herr und Gebieter,
ich hoffe, dass das Wissen Euer Hochwohlgeboren um mein vergangenes, gegenwärtiges und auch für die Zukunft zu befürchtendes Elend bei Euch und den anderen Freunden und Gönnern diese späte Beantwortung Eures Briefes entschuldigt, desgleichen mein völliges Schweigen gegenüber jenen, die Euer Hochwohlgeboren wird in Kenntnis setzen können von der verhängnisvollen Richtung, die meine Angelegenheit in letzter Zeit genommen hat.

Bei meinem Schuldspruch in Rom wurde ich vom Hl. Offizium zu Kerkerhaft nach Ermessen Seiner Heiligkeit verurteilt; Seiner Heiligkeit beliebte es, mir als Gefängnis den Palast und Garten des Großherzogs von Trinità dei Monti zuzuweisen. Da dies im vorigen Jahr im Monat Juni geschah, wurde mir die Hoffnung gemacht, ich könne, wenn ich nach Ablauf dieses und des darauffolgenden Monats um Gnade und volle Freiheit nachsuchte, diese erlangen. Um nicht (von der Jahreszeit gezwungen) dort den ganzen Sommer und auch einen Teil des Herbstes bleiben zu müssen, erreichte ich eine Verlegung nach Siena, wo mir das Haus des Erzbischofs zugewiesen wurde. Dort verbrachte ich fünf Monate. Danach wurde mein Gefängnis in die Enge dieser kleinen Villa verlegt, eine Meile von Florenz entfernt, mit der strikten Auflage, weder in die Stadt hinunterzugehen, noch Unterhaltungen und Zusammentreffen mit mehreren Freunden gleichzeitig zuzulassen oder sie als Gäste zu empfangen.

Hier lebte ich sehr ruhig, mit häufigen Besuchen in einem nahegelegenen Kloster, wo zwei meiner Töchter Nonnen waren, die ich sehr liebte, insbesondere die ältere, eine Frau mit ausgezeichnetem Verstand, einzigartiger Güte und mir äußerst zugetan. Letztere verfiel in meiner Abwesenheit, die sie für qualvoll hielt, in tiefe Schwermut, erkrankte

incorsa in una precipitosa disenteria, in sei giorni si morì, essendo di età di trentatrè anni, lasciando me in una estrema afflizzione.

La quale fu raddoppiata da un altro sinistro incontro; che fu che, ritornandomene io dal convento a casa mia in compagnia del medico, che veniva dalla visita di detta mia figliuola inferma poco prima che spirasse, mi veniva dicendo il caso esser del tutto disperato, e che non avrebbe passato il seguente giorno, si come seguì; quando, arrivato a casa, trovai il Vicario dell'Inquisitore che era venuto a intimarmi d'ordine del S.to Offizio di Roma venuto all'Inquisitore con lettere del S.r Card. le Barberino, ch'io dovessi desistere dal far dimandar più grazia della licenza di poter tornarmene a Firenze, altrimenti che mi arebbono fatto tornar là, alle carceri vere del S.to Offizio. E questa fu la risposta che fu data al memoriale che il S.r Ambasciator di Toscana, dopo nove mesi del mio essilio, aveva presentato al detto Tribunale: dalla qual risposta mi par che assai probabilmente si possa conietturare, la mia presente carcere non essere per terminarsi se non in quella commune, angustissima e diuturna.

Da questo e da altri accidenti, che troppo lungo sarebbe a scrivergli, si vede che la rabia de'miei potentissimi persecutori si va continuamente inasprendo. Li quali finalmente hanno voluto per sé stessi manifestarmisi, atteso che, ritrovandosi uno mio amico caro circa due mesi fa in Roma a ragionamento col P. Cristoforo Grembergero, giesuita, Matematico di quel Collegio, venuti sopra i fatti miei, disse il giesuita all'amico queste parole formali: «Se il Galileo si avesse saputo mantenere l'affetto dei Padri di questo Collegio, viverebbe glorioso al mondo e non sarebbe stato nulla delle sue dis-

schließlich an heftiger Ruhr, starb innerhalb von sechs Tagen im Alter von dreiunddreißig Jahren und ließ mich in unsagbarem Schmerz zurück.

Dieser Schmerz wurde durch eine weitere unheilvolle Begegnung noch verdoppelt: Als ich vom Kloster nach Hause ging, in Begleitung des Arztes, der von meiner kranken, todgeweihten Tochter kam und mir gerade mitteilte, dass der Fall völlig hoffnungslos sei und sie den nächsten Tag nicht überleben würde, was auch geschah, fand ich, zu Hause angekommen, den Stellvertreter des Inquisitors vor, der angereist war, um mich aufgrund einer vom Hl. Offizium in Rom an den Inquisitor ergangenen Anordnung durch Briefe des Hochwürdigsten Kardinals Barberino aufzufordern, von dem Gesuch, nach Florenz zurückkehren zu dürfen, Abstand zu nehmen. Andernfalls würden sie mich dort in das eigentliche Gefängnis des Hl. Offiziums zurück verbringen lassen. Das war die Antwort auf die Bittschrift, die der Herr Botschafter von Toscana nach neun Monaten meiner Verbannung besagtem Gericht vorgelegt hatte. Ich meine, man kann aus dieser Antwort mit großer Wahrscheinlichkeit schließen, dass meine derzeitige Gefangenschaft nicht enden soll, es sei denn in jener uns allen gemeinen, äußerst engen, ewigwährenden.

Aus diesen und anderen Vorkommnissen, die zu beschreiben zu langwierig wäre, ersieht man, dass der Zorn meiner äußerst mächtigen Verfolger immer erbitterter wird. Eben diese haben sich mir letztlich von sich aus zu erkennen geben wollen: Als nämlich ein lieber Freund von mir sich vor etwa zwei Monaten in Rom mit Pater Cristoforo Grembergero – Jesuit und Mathematiker an diesem Kollegium – unterhielt, und sie auf meine Sache zu sprechen kamen, sagte der Jesuit dem Freund ganz förmlich: «Wenn Galileo es verstanden hätte, sich die Zuneigung der Patres dieses Kollegiums zu erhalten, so würde er mit weltweitem Ruhm leben, und es wäre ihm keinerlei Ungemach widerfahren. Er hätte nach Belieben

grazie, e arebbe potuto scrivere ad arbitrio suo d'ogni materia, dico anco di moti di terra, etc.»: si che V. S. vede che non è questa né quella opinione quello che mi ha fatto e fa la guerra, ma l'essere in disgrazia dei giesuiti.

Vittorio Alfieri: Pioggia

Mezzo dormendo ancor domando: «Piove?»
«Tutta la intera notte egli è piovuto.»
Sia maledetto Pisa! ognor ripiove;
anzi, a dir meglio, e' non è mai spiovuto.

Almen, quando adirato il pluvio Giove
fea d'abitanti l'universo muto,
acqua in ciel fabbricando in fogge nuove,
quell'acquosa sua rabbia ha un modo avuto:

ma qui, non degni or di affogar ci crede;
ne' di goder del sol la dolce vista;
purché in molle ei ci tenga, e il capo e il piede.

Siam forse noi di quella specie trista,
che ne' in ben ne' in mal far mai non eccede,
sì che di noia il ciel sol ci contrista?

über jedes Thema schreiben können, ich meine auch über die Bewegung der Erde, usw.» Woraus Euer Hochwohlgeboren ersehen können, dass es nicht diese oder jene Ansicht ist, die mir den Krieg eintrug und einträgt, sondern der Umstand, bei den Jesuiten in Ungnade zu sein.

Vittorio Alfieri: Regen

Noch halb im Schlafe frag ich: «Regnet es?»
«Die ganze Nacht hindurch hat es geregnet.»
Verdammtes Pisa! Immer wieder regnet's;
nein, richtiger: es hört nie auf zu regnen.

Als Jupiter, der zornige Regengott,
die Welt entvölkerte, zum Schweigen brachte,
indem er alle Arten Regen fallen ließ,
so hörte seine Wasser-Wut doch endlich auf.

Uns hier vergönnt er weder zu ertrinken
noch den Genuss, die Sonne zu erblicken;
wenn er uns nur durchnässen kann von Kopf bis Fuß.

Gehören wir vielleicht zu jener trägen Gattung,
die weder gut noch böse übertreibt,
sodass der Himmel uns nichts als verdrossen macht?

Di ritorno da una delle solite sfortunate spedizioni di gioco, dovevo cambiar treno a Firenze. Avevo avuto l'idea di deviare fino al Forte dei Marmi, ma l'avevo respinta con uno sforzo di volontà: sapevo che *la* avrei trovata persa tra le più meschine e urgenti cure, e che del resto la nostra relazione era ormai divenuta impossibile.

Nondimeno quando giunsi a Firenze ero tremendamente stanco, d'una di quelle stanchezze che io solo conosco: non potevo ripartire prima di aver dormito. Dove però dormire? La città, secondo spesso le avviene a causa d'una o altra grande manifestazione, era piena come un uovo, e ben presto mi resi conto che dovevo abbandonare ogni speranza di albergo. Tornai alla stazione, e la stanchezza era se mai aumentata; ma forse avrei durato fino ad Arezzo, e qui senza dubbio trovato ricetto. Arrivò il mio treno; tale era la ressa, che non riuscii neppure a penetrarvi. Arrivò poco dopo il seguente, e fu anche peggio. Una fitta folla ingombrava le banchine e fin l'ultimo cantuccio delle sale d'aspetto. In quella un treno partiva per il settentrione; lo presi coll'intenzione di pernottare a Prato.

Così le circostanze stesse mi riportavano in qualche modo a ciò che avevo voluto evitare. Percorsi quella notte le vie tante volte percorse da convittore della Cicogna (seppi il giorno dipoi dai giornali che proprio in quelle ore un supposto lupo mannaro s'era aggirato nell'immediata periferia della città aggredendo qualcuno), e questo aumentò il mio senso di sconforto, e acuì per conseguenza il desiderio di colei; alla quale attribuirò il bel nome

Tommaso Landolfi: Forte dei Marmi außerhalb der Saison

Auf der Rückfahrt von einem der üblichen glücklosen Spielausflüge musste ich in Florenz umsteigen. Ich hatte den Gedanken gehabt, einen Umweg über Forte dei Marmi zu machen, ihn jedoch mit einer Willensanstrengung wieder verworfen, denn ich wusste, dass ich *sie* tief in den belanglosesten und größten Sorgen vorfinden würde; außerdem war ja unsere Beziehung inzwischen unmöglich geworden.

Des ungeachtet war ich, als ich in Florenz ankam, schrecklich müde, es war so eine Müdigkeit, wie nur ich sie kenne. Ich konnte nicht weiterfahren, ohne erst mal geschlafen zu haben. Aber wo schlafen? Die Stadt war, wie es wegen der einen oder anderen großen Veranstaltung oft der Fall war, gesteckt voll, und ich musste bald einsehen, dass jede Hoffnung auf ein Hotel vergeblich war. Ich kehrte zum Bahnhof zurück, und meine Müdigkeit war, wenn das überhaupt möglich war, noch größer geworden. Vielleicht schaffte ich es noch bis Arezzo, wo ich bestimmt eine Unterkunft fände. Mein Zug fuhr ein, doch es herrschte ein solches Gedränge, dass es mir nicht einmal gelang, einzusteigen. Kurz danach kam der nächste, und es war noch schlimmer. Auf den Bahnsteigen und bis in den letzten Winkel des Wartesaals stand eine dichtgedrängte Menge. Auf einem Bahnsteig fuhr ein Zug Richtung Norden. Ich nahm ihn und wollte in Prato übernachten.

So brachten mich in gewisser Weise die Umstände selbst in die Lage, die ich hatte vermeiden wollen. Ich fuhr in dieser Nacht die Strecken, die ich so oft als Zögling des Cicogna gefahren war (aus den Zeitungen erfuhr ich am Tag danach, dass genau in diesen Stunden sich ein mutmaßlicher Werwolf unmittelbar am Rand der Stadt herumgetrieben und jemanden angegriffen habe), und das erhöhte mein Gefühl des Unbehagens und verstärkte folglich mein Verlangen nach ihr, der ich den mütterlichen Namen Adele geben will. Nach

materno di Adele. La mattina, dopo un cattivo sonno, presi una corriera per il Forte.

Nel tristo tratto di strada che corre tra Migliarino e Viareggio, trovammo un morto, cui avevano appena coperto il viso. Un ventaglio di sangue non ancora del tutto accagliato si allargava dal suo capo riverso sull'asfalto, su quella sordida e umana cosa contro la quale deve essere tanto duro morire. Egli calzava scarpe che parevan pantofole colla punta volta al cielo, e le sue gambe apparivano innaturalmente lunghe; apprendemmo più tardi che questo era un giovane diciannovenne, aspirante ciclista, o come li chiamino. Era stato urtato da un pesante veicolo, subito dileguato. Mentre la nostra macchina procedeva lesta, recando noi stessi pigiati nella sua pancia, una donna prese a dire con voce rigonfia: «C'è un morto sulla strada, c'è un morto sulla strada ...», e sembrava non dovesse mai smetterla.

Al Forte c'era il sole, ma non Adele. La sua vecchia madre mi trattenne, dicendo che aspettava la figlia in serata, e soggiungendo che non l'aspettava peraltro affatto: troppo spesso era rimasta ingannata nelle sue attese. Feci telefonare dal paese, piuttosto lontano, a Firenze dove Adele si trovava. Questa confermò che sarebbe arrivata la sera stessa. Qualche ora dopo telefonò a sua volta per avvertire che sarebbe tardata fino all'indomani. Non venne né l'indomani né il giorno successivo.

La vecchia, detta Nonna, era preoccupata della situazione, cui invece avrebbe dovuto essere abituata. Ma, tolto che non a tutto ci si abitua, in lei la preoccupazione era come un continuo stato di trionfo, quasi, colla medesima, ella volesse convincere sua figlia di cattiva amministrazione. La villa era ipotecata per una forte somma, di cui bisognava subito pa-

einer schlechten Nacht nahm ich am Morgen einen Postbus nach Forte.

Auf dem öden Stück zwischen Migliarino und Viareggio stießen wir auf einen Toten, dessen Gesicht man gerade zugedeckt hatte. Noch nicht ganz geronnenes Blut breitete sich fächerartig von seinem nach hinten geneigten Kopf auf dem Asphalt aus, auf dieser schmutzigen und menschlichen Sache, auf der zu sterben so hart sein muss. Er trug Schuhe, die wie Pantoffeln aussahen, die Spitze zum Himmel gerichtet, und seine Beine wirkten unnatürlich lang. Später erfuhren wir, dass es sich um einen neunzehnjährigen jungen Mann handelte, einen angehenden Radrennfahrer, oder wie man sie nennt. Er war von einem schweren Fahrzeug angefahren worden, das sofort verschwunden war. Während unser Bus, der uns zusammengepfercht in seinem Bauch mit sich führte, schnell weiterfuhr, sagte eine Frau mit tragender Stimme: «Da liegt ein Toter auf der Straße, da liegt ein Toter auf der Straße ...» und schien gar nicht mehr aufhören zu können.

In Forte war zwar die Sonne, aber keine Adele. Ihre alte Mutter hielt mich fest, indem sie sagte, sie erwarte ihre Tochter gegen Abend; dann aber fügte sie hinzu, dass sie ihre Tochter doch nicht erwarte, denn zu oft war sie in ihren Erwartungen getäuscht worden. Ich ließ von dem ziemlich weit entfernten Ort aus in Florenz anrufen, wo Adele sich befand. Sie bestätigte, dass sie am selben Abend kommen würde. Ein paar Stunden später rief sie von sich aus an, um zu sagen, dass sie erst am nächsten Tag käme. Sie kam weder am nächsten Tag, noch am Tag darauf.

Die Alte, genannt Nonna, war deswegen besorgt, obwohl sie eigentlich daran hätte gewöhnt sein müssen. Aber abgesehen davon, dass man sich nicht an alles gewöhnt: für sie war die Besorgnis ein ständiger Zustand der Überlegenheit, das heißt, durch sie wollte sie ihrer Tochter zu verstehen geben, dass ihre Haushaltsführung schlecht sei. Auf dem Haus lastete eine große Hypothek, deren Zinsen bereits fällig wa-

gare gli interessi e che bisognava rimborsare interamente entro l'anno, la luce stava per essere tagliata, i fornitori (di cibarie) avrebbero tra pochi giorni, se non soddisfatti, sospeso le forniture, molte cambiali erano in scadenza, e che so io ancora. Nel frattempo ella manteneva lautamente una quantità imprecisabile di gatti, parecchi dei quali rognosi, che fuggivano soffiando se appena si tentava avvicinarli, lasciando in compenso terra e peli su tutte le poltrone, poiché *ça se perche partout;* che, bambini o adulti, facevano la pipì non già negli angoli, ma nel mezzo delle stanze, ovvero scegliendo i punti di passaggio. Quasi organo cui incombesse dar voce querula al generale abbandono, si allineavano poi su certe scansie innumerevoli barattoli di vetro emananti un velenosetto odor d'acido, nei quali eran custoditi gli intrugli necessari ad Adele per le sue pitture di stoffe; era questa infatti la sua ultima invenzione da far quattrini.

Il giorno seguente sopravvenne di lontano un nipotino di Adele, bellino e presuntuoso quanto può esserlo un adolescente con velleità artistiche. Egli veniva, press'a poco, a conoscere sua zia, che non vedeva da dieci anni, e forse ella stessa gli aveva dato appuntamento per quel giorno. Trattenuto anche lui, riprendemmo insieme l'attesa, ingannata da sostanziosi pasti e dai discorsi dell'inesauribile parlatrice, i cui principali capi erano le recriminazioni economiche e i ricordi d'una vivace gioventù torinese e parigina.

Giunse infine anche Adele, colla sua liberale festosità e la sua vital turgidezza; ma ben presto, sotto la minaccia delle circostanze, ella appassì e si chiuse come possono chiudersi un ombrello o un pipistrello, e di questi chiusi presentò ormai il

ren und die innerhalb eines Jahres gänzlich getilgt werden musste. Es sollte schon der Strom gesperrt werden, die Lebensmittelhändler würden, wenn sie nicht bezahlte, in wenigen Tagen ihre Lieferungen einstellen, viele Wechsel waren fällig, und was weiß ich noch alles. In der Zwischenzeit hielt sie großzügig eine nicht festzustellende Anzahl von Katzen, mehrere davon räudig, die, kaum versuchte man sich ihnen zu nähern, fauchend davonliefen und dafür auf allen Polsterstühlen Erde und Haare hinterließen, denn *ça se perche partout.* Die Katzen, ob klein oder groß, machten ihr Pipi nicht etwa in die Ecken, sondern in die Mitte der Zimmer, besser gesagt, sie wählten die Stellen, über die man laufen musste. Fast wie eine Orgel, der die Pflicht oblag, der allgemeinen Verlassenheit eine jammernde Stimme zu verleihen, standen außerdem auf einigen Regalen aufgereiht unzählige Gläser, die einen leicht giftigen Säuregeruch ausströmten; darin war das Gebräu aufbewahrt, das Adele für ihre Stoffmalerei benötigte. Das war nämlich ihr letzter Einfall, an Geld zu kommen.

Am darauffolgenden Tag kam von weit her ein kleiner Neffe Adeles an, hübsch und eingebildet, wie nur ein Halbwüchsiger mit künstlerischen Anwandlungen sein kann. Er kam mehr oder weniger, um seine Tante kennenzulernen, die er seit zehn Jahren nicht gesehen hatte, und vielleicht hatte sie selber gesagt, er solle an diesem Tag kommen. Nachdem auch er nun festgehalten wurde, fingen wir gemeinsam die Warterei wieder an, vertrieben uns die Zeit mit gehaltvollen Mahlzeiten und dem Geplauder der unerschöpflichen Rednerin, deren Hauptthemen wirtschaftliche Klagen und die Erinnerung an eine lebhafte Jugend in Turin und Paris waren.

Endlich kam auch Adele, mit ihrer freizügigen Heiterkeit und ihrer prallen Lebensfreude. Doch die bedrohlichen Umstände ließen sie ziemlich bald welken, und sie klappte zusammen wie ein Regenschirm oder eine Fledermaus zusammenklappen können, wobei sie nun den jämmerlichen Anblick

lamentevole aspetto. Tal suo stato era però continuamente percorso da fremiti, o meglio spasimi, che si affilavano in una disperata e sonnambolica ricerca, sempre delusa, di quattrini. In breve, da allora io non la vidi quasi più, se non indifferentemente: un giorno ella era a Firenze, un altro non so dove, e sempre aveva la casa piena di plebei destinati ad aiutarla nei suoi affari, nei progettati rimedi, nelle combinazioni onde ha prodiga la mente: Il nipotino era ripartito.

Del resto che io tenti, accumulando particolari superflui, rifingermi distintamente la mia condizione di quei tormentosi giorni, è senza dubbio parte della mia mania dell'impossibile in letteratura, ossia di voler ottenere (per tradurre ciò provvisoriamente) dalla parola scritta quanto essa non può dare.

Chiunque abbia visto il Forte fuori stagione, conosce l'immenso squallore di quel lido piatto e sterminato, cui sovrasta, come un remoto sogno, la presenza antica e viva dei più bei monti formati da Dio, meglio atta a illanguidire eccitando il rimpianto che a confortare; conosce soprattutto la desolazione di quelle morte opere umane, quali la sperticata via litoranea, funestamente asfaltata, le villette dolciacchere lungh'essa disposte. Senza poi dir nulla del tetro popolo e dei rapaci casieri. Ora, in quei giorni appunto io scopersi i sinistri pennacchi. Dico che il tempo era alquanto lagrimoso, e come sempre ventoso; e che ciascun fanale di detta via, veduto secondo un certo angolo, levava sopra di sé nella fredda umidità della notte un gran pennacchio d'un nero fumoso e minaccevole, non d'altro composto che d'ombra. Intorno a questi alti fanali (di ributtante cemento) solevo girare per evocarne queste ombre come chi sia serpentato; ed esse

von solchen zusammengeklappten Dingen bot. Dabei wurde sie ständig von Schauern, oder besser gesagt Zuckungen ergriffen, die bei ihrer verzweifelten und schlafwandlerischen und stets enttäuschten Suche nach Geld oftmals auftraten. Kurz gesagt, ich sah sie von da an fast nicht mehr, beziehungsweise unregelmäßig: Einen Tag war sie in Florenz, am anderen ich weiß nicht wo, und das Haus war immer voller Fußvolk, das ihr bei ihren Geschäften helfen musste, bei den geplanten Sanierungen und Kombinationen, von denen sie den Kopf voll hat. Der kleine Neffe war wieder abgereist.

Übrigens: dass ich versuche, durch Anhäufen überflüssiger Einzelheiten mir über meinen Zustand in jenen qualvollen Tagen ordentlich was vorzumachen, ist zweifelsohne ein Teil meiner Manie für das Unmögliche in der Literatur, das heißt: vom geschriebenen Wort erhalten zu wollen (um es provisorisch zu übersetzen), was es nicht geben kann.

Wer immer Forte außerhalb der Saison gesehen hat, kennt die unermessliche Verlassenheit dieses flachen und endlosen Strandes, über dem sich wie ein ferner Traum, uralt und lebendig, die schönsten Berge erheben, die Gott geformt hat (sie vermögen eher beklommene Trauer als Zuversicht aufkommen zu lassen); er kennt vor allem die Trostlosigkeit dieser ausgestorbenen menschlichen Werke, wie die ewig lange, unseligerweise asphaltierte Küstenstraße und die kitschigen kleinen Villen an ihr entlang. Ganz zu schweigen von den finsteren Bewohnern und ihren raffgierigen Hausverwaltern. Jetzt, gerade in jenen Tagen, entdeckte ich die unheimlichen Schwaden. Ich meine, das Wetter war etwas tränenreich und wie immer windig, und aus jeder Laterne besagter Straße kam, wenn man sie aus einem bestimmten Winkel betrachtete, in der kalten Feuchtigkeit der Nacht eine große, rauchschwarze und bedrohliche Schwade oben heraus, die aus nichts anderem bestand als aus Schatten. Um diese Schatten heraufzubeschwören, pflegte ich wie ein Besessener die hohen Laternen (aus abscheulichem Zement) zu umkreisen; die

medesime ormai, non le luci che più quasi non vedevo, mi segnavano la strada, durante i ritorni a buio fondo.

Ma infine, perché mi attardavo io qui, in questo luogo avverso, quando non potevo alleviare in alcun modo i travagli della mia ospite, ché anzi vi aggiungevo colla mia presenza? Una ragione era che non sapevo dove andare, che, cioè, sapevo quanto mi aspettava se fossi andato: un orrore ancor più grande; che in ogni caso, come cominciavo a sospettare, dovunque fossi andato sarebbe stato lo stesso; che non avevo nulla da dire o da fare.

La principale, era Adele medesima. Adele in questo stato, stanca, rugosa, disfatta, presa nelle spire di preoccupazioni in cui io non trovavo posto; ma che bastava levasse su di me i suoi grandi occhi azzurri, puri ancora e quasi infantili, anche nella prepotenza, perché mi sentissi a lei legato oltre, anzi contro ogni ragionevolezza od ogni argomento. Quale nascosta virtù era dunque in lei, cosi celata che io stesso, dopo pressoché quindici anni, non sapevo nominarla?

(...)

Alle fine partii in qualche modo. La prossima volta che rividi brevemente Adele, ella, avendo affittato la villa, viveva in una sudicia casipola tra un nugolo di mosche; la Nonna era impallidita (...) dispersi i gatti. La padrona di casa, nel punto che arrivai, stava dalla sua soglia comprando un gelatino dai colori velenosi. Questo declino era bene un'immagine di me, più che di lei.

E poi la solita domanda, che mi pongo ogni volta metta nero, o bigio, su bianco: perché ho scritto questa roba?

Schatten selbst, nicht die Lichter, die ich fast nicht mehr sah, wiesen mir dann den Weg, wenn ich im Stockfinsteren nach Hause ging.

Aber warum hielt ich mich eigentlich hier an diesem feindlich gesonnenen Ort auf, wo ich die Sorgen meiner Gastgeberin doch keineswegs erleichtern konnte, im Gegenteil, mit meiner Anwesenheit noch verschlimmerte? Ein Grund war, dass ich nicht wusste, wo ich hingehen sollte, dass ich, wie soll ich sagen, wusste, was mich erwartete, wenn ich gegangen sein würde (was noch schrecklicher war), dass es, wie ich langsam den Verdacht hatte, in jedem Fall überall dasselbe sein würde, wohin auch immer ich gegangen wäre; dass ich nichts zu sagen und nichts zu tun hatte.

Der Hauptgrund war Adele selbst. Adele in diesem Zustand, müde, mit Falten, aufgelöst, in ihre Sorgen verstrickt, in denen für mich kein Platz war. Aber selbst in ihrer Rechthaberei brauchte sie nur mit ihren großen, blauen, klaren, noch fast kindlichen Augen zu mir aufzublicken, und schon fühlte ich mich gegen jegliche Vernunft und Veranlassung weiter an sie gebunden. Welche verborgene Tugend steckte also in ihr, die so verhüllt war, dass ich selbst nach beinahe zehn Jahren sie nicht benennen kann?

(...)

Am Ende reiste ich irgendwie ab. Als ich das nächste Mal Adele kurz sah, lebte sie in einer schmuddeligen Bude inmitten eines Fliegenschwarms, da sie ihr Haus vermietet hatte. Die Großmutter war blass geworden (...), die Katzen überall verstreut. Als ich ankam, stand die Hausherrin gerade auf der Türschwelle und kaufte sich ein giftigfarbenes kleines Eis. Dieses Bild des Niedergangs passte eigentlich eher zu mir als zu ihr.

Und dann die übliche Frage, die ich mir jedes Mal stelle, wenn ich Schwarz oder Grau auf Weiß bringe: Warum habe ich dieses Zeug eigentlich geschrieben?

Gabriele D'Annunzio: Meriggio

A mezzo il giorno
sul Mare etrusco
pallido verdicante
come il dissepolto
bronzo dagli ipogei, grava
la bonaccia. Non bava
di vento intorno
alita. Non trema canna
su la solitaria
spiaggia aspra di rusco,
di ginepri arsi. Non suona
voce, se ascolto.

Riga di vele in panna
verso Livorno
biancica. Pel chiaro
silenzio il Capo Corvo
l'isola del Faro
scorgo; e più lontane,
forme d'aria nell'aria,
l'isole del tuo sdegno,
o padre Dante,
la Capraia e la Gorgóna.
Maromorea corona
di minaccevoli punte,
le grandi Alpi Apuane
regnano il regno amaro,
dal loro orgoglio assunte.

La foce è come salso
stagno. Del marin colore,
per mezzo alle capanne,
per entro alle reti

Gabriele D'Annunzio: Mittagsstunde

Zur Mittagsstunde lastet
überm Etrusker-Meer
– so grünlich blass
wie ausgegrabene Bronze
aus alten Gräbern –
die Große Stille. Keine Brise
von Wind kommt auf
ringsum. Kein Schilfrohr zittert
an dem weitab gelegenen
Gestade – rau und dornig
von trockenem Wacholder –, und kein Laut
ertönt, so sehr ich lausche.

Mit schlaffen Segeln ein paar Boote
gegen Livorno hin:
ein wenig Weiß.
Im reinen Schweigen sind
der Capo Corvo und die Insel Faro
zu sehen; weiter draußen
die duftigen Luftgebilde,
die Inseln deines Zornes,
Vater Dante:
Capraia und Gorgóna.
Dort eine Marmorkrone,
bedrohlich spitzig:
die hohen Apuaner Alpen,
die Herren dieses bitteren Reiches,
in ihren Hochmut eingehüllt.

Die Arnomündung ist wie ein
Brackwasserteich. Die Meeresfarbe
taucht zwischen Hütten auf
und innerhalb der Netze,

che pendono dalle croce
degli staggi, si tace.
Come il bronzo sepolcrale
pallida verdica in pace
quella che sorridea.
Quasi letèa,
obliviosa, eguale,
segno non mostra
di corrente, non ruga
d'aura. La fuga
delle due rive
si chiude come in un cerchio
di canne, che circonscrive
l'oblìo silente, e le canne
non han sussurri. Più foschi
i boschi di San Rossore
fan di sé cupa chiostra;
ma i più lontani,
verso il Gombo, verso il Serchio,
son quasi azzurri.
Dormono i Monti Pisani
coperti da inerti
cumuli di vapore. (...)

Dante Alighieri: Ahi Pisa (Inferno XXXIII)

Ahi Pisa, vituperio delle genti
   del bel paese là dove 'l sì sona,
   poi che i vicini a te punir son lenti,
muovasi la Capraia e la Gorgona,
   e faccian siepe ad Arno in su la foce,
   si ch'elli annieghi in te ogni persona!

die von den Kreuzen
der Holzgerüste hängen. Es ist still.
Wie auch die Grabes-Bronze
blassgrünlich ruhig liegt,
die vorhin noch gelächelt hat.
Fast wie das Lethe-Wasser;
vergessen machend, faltenlos;
es gibt kein Zeichen
von Strömung, kein Gekräusel
der Luft. Der Fluchtpunkt
der beiden Ufer liegt
in einer Art Rotunde
von Schilf; der Kreis umschreibt
stumme Vergessenheit, das Schilf
hat kein Geflüster. Dunkler sind
die Waldungen von San Rossore:
Sie bilden einen finsteren Zaun.
Doch weiter in der Ferne,
in Richtung Gombo, Richtung Serchio
sind sie fast himmelblau.
Im Schlummer die Pisaner Berge,
bedeckt mit einer regungslosen
Haube aus Dunst. (...)

Dante Alighieri: Oh Pisa (Hölle XXXIII)

Oh Pisa, Schandfleck sämtlicher Bewohner
  des schönen Landes, wo das «sì» erklingt!
  Die Nachbarn sind zu träge, dich zu strafen,
drum sollten sich Capraia und Gorgona
  erheben und den Arnomund verstopfen,
  dass die Pisaner allesamt ertrinken!

Una mattina il signor Carletto Palladino è lì, come sempre, ai piedi della Torre di Pisa a vendere ricordini ai turisti, quando una grande astronave d'oro e d'argento si ferma in cielo e dalla sua pancia esce un coso, un elicottero forse, che scende sul prato detto «dei miracoli».

– Guardate! – esclama il signor Carletto. – Gli invasori spaziali!

– Scappa e fuggi, – strilla la gente, in tutte le lingue.

Ma il signor Carletto non scappa, né fugge, per non abbandonare la cassetta posata su uno sgabello, nella quale, bene allineati – cioè, tutti storti – stanno tanti modellini della torre pendente, in gesso, marmo e alabastro.

– Souvenir! Souvenir! – comincia a gridare, indicando la sua merce agli spaziali, che sbarcano, in numero di tre, ma salutano con dodici mani, perché ne hanno quattro a testa.

– Venite via, sor Carletto, – gridano le altre venditrici di ricordini da lontano, fingendo preoccupazione per la sua vita; in realtà sono gelose, ma ad avvicinarsi per vendere anche loro agli spaziali le belle statuine, hanno paura.

– Souvenir!

– Bono, pisano, – dice una voce spaziale. – Prima le presentazioni.

– Carletto Palladino, piacere.

– Signore e signori, – continua la voce, con un'ottima pronuncia italiana, – chiediamo scusa per il disturbo. Veniamo dal pianeta Karpa, che dista dal vostro trentasette anni luce e ventisette centimetri. Contiamo di fermarci pochi minuti. Non dovete aver

Gianni Rodari: Seltsames um den Turm von Pisa

Eines Morgens steht Signor Carletto Palladino wie immer am Fuße des Turms von Pisa und verkauft Andenken an die Touristen, da macht ein großes Raumschiff aus Gold und Silber am Himmel halt, und aus seinem Bauch kommt so ein Ding heraus, vielleicht ein Hubschrauber, und landet auf der Wiese, genannt «Wiese der Wunder».

«Seht!», ruft Signor Carletto. «Die Invasoren aus dem Weltall!»

«Nichts wie weg», kreischen die Leute in allen Sprachen.

Aber Signor Carletto rennt weder weg noch flieht er, um nicht den Kasten auf seinem Schemel alleinzulassen, in dem, schon in Reih und Glied – das heißt: alle schief – die ganzen kleinen Modelle des schiefen Turms stehen, aus Gips, Marmor und Alabaster.

«Andenken! Andenken!», beginnt er zu rufen und zeigt seine Ware den Bewohnern aus dem All, die aussteigen, drei an der Zahl, jedoch mit zwölf Händen grüßen, weil sie vier pro Kopf haben.

«Laufen Sie weg, Signor Carletto», schreien die anderen Andenkenverkäuferinnen aus der Ferne, als fürchteten sie um sein Leben. In Wirklichkeit sind sie eifersüchtig, haben aber Angst näherzukommen und selbst den Bewohnern ihre hübschen kleinen Statuen zu verkaufen.

«Andenken!»

«Gut, Pisaner», sagt eine Weltraumstimme. «Erst sollten wir uns vorstellen.»

«Carletto Palladino, angenehm.»

«Meine Damen und Herren», fährt die Stimme mit ausgezeichneter italienischer Aussprache fort, «wir bitten um Verzeihung wegen der Störung. Wir kommen vom Planeten Karpa, der siebenunddreißig Lichtjahre und siebenundzwanzig Zentimeter von eurem entfernt ist. Wir rechnen mit wenigen

paura di noi, perché siamo qui per una missione commerciale.

– Io l'avevo bell'e capito, – fa il signor Carletto. – Tra uomini d'affari ci s'intende subito.

Mentre la voce spaziale, amplificata da un invisibile altoparlante, ripete più volte il messaggio, turisti, venditori di ricordini, ragazzi, curiosi, sbucano dai loro nascondigli e si fanno avanti, incoraggiandosi a vicenda. Arrivano, con accompagnamento di sirene, poliziotti, carabinieri, pompieri e vigili urbani, per ragioni di ordine pubblico. Giunge pure il sindaco, in groppa a un cavallo bianco.

– Cari ospiti, – dice il sindaco, dopo tre squilli di trombe, – siamo lieti di darvi il benvenuto nell'antica e famosa città di Pisa, ai piedi del suo antico e famoso campanile. Se fossimo stati avvertiti del vostro arrivo, vi avremmo preparato accoglienze degne dell'antico e famoso pianeta Karpa. Purtroppo ...

– Grazie, – lo interrompe uno dei tre spaziali, agitando due delle sue quattro braccia. – Non vi disturbate per noi. Avremo da fare per un quarto d'ora al massimo.

I tre spaziali si dirigono verso il campanile e cominciano a palparlo, come per accertarsi che sia vero. Adesso parlano tra loro, in una lingua abbastanza simile al caracalpacco, ma non dissimile dal cabardino-balcarico. I loro volti, nello scafandro, sono degli autentici volti karpiani, molto somiglianti ai pellirossa.

Il sindaco gli si avvicina premuroso: – Non desiderate prendere contatto con il nostro governo, con i nostri scienziati, con la stampa?

– Perché? – ribatte il capo degli spaziali. – Non vogliamo dar noia a tanta gente importante. Ci prendiamo la torre e ripartiamo.

Minuten Aufenthalt. Sie brauchen keine Angst vor uns zu haben, wir sind hier wegen eines Handelsauftrags.»

«Das habe ich doch gleich gewusst», meint Signor Carletto. «Unter Geschäftsleuten versteht man sich sofort.»

Während die Raumstimme, von einem unsichtbaren Lautsprecher verstärkt, mehrere Male die Botschaft wiederholt, kriechen Touristen, Andenkenverkäufer, Kinder und Neugierige aus ihren Verstecken und kommen näher, wobei sie sich gegenseitig Mut machen. Unter Sirenengeheul treffen Polizisten, Gendarmen, Feuerwehrleute und Schutzmänner ein, um für Ordnung zu sorgen. Sogar der Bürgermeister kommt auf einem weißen Pferd geritten.

«Liebe Gäste», sagt der Bürgermeister nach drei Trompetenstößen, «wir freuen uns, Sie in der alten und berühmten Stadt Pisa willkommen heißen zu dürfen, am Fuße ihres berühmten alten Turms. Wären wir von Ihrer Ankunft benachrichtigt worden, hätten wir Ihnen einen dem berühmten alten Planeten Karpa würdigen Empfang bereitet. Leider ...»

«Danke», unterbricht ihn einer der Weltraumbewohner mit zweien seiner vier Arme fuchtelnd. «Lassen Sie sich von uns nicht stören. Wir werden höchstens eine Viertelstunde zu tun haben.»

Die drei Weltraumbewohner gehen auf den Turm zu und betasten ihn mit den Händen, als wollten sie sich vergewissern, ob er echt sei. Jetzt reden sie untereinander in einer ganz wie Kauderwelsch klingenden Sprache, doch dem Cabardino-Balcarischen nicht unähnlich. Ihre Gesichter in den Raumfahrerhelmen sind echte karpanesische Gesichter, sehr ähnlich den Rothäuten.

Der Bürgermeister nähert sich ihnen zuvorkommend: «Möchten Sie nicht Verbindung mit unserer Regierung, mit unseren Wissenschaftlern, mit der Presse aufnehmen?»

«Warum?», entgegnet der Chef der Weltraumbewohner. «Wir wollen so viele wichtige Leute nicht belästigen. Wir nehmen den Turm und fahren wieder.»

– Vi prendete … che cosa?

– La torre.

– Scusi, signor karpiano, forse ho capito male. Lei vuol dire che le interessa la torre, magari che lei e i signori suoi amici vogliono montare in cima per godere il panorama e intanto, per non perdere tempo, fare qualche esperimento scientifico sulla caduta dei gravi?

– No, – risponde pazientemente il karpiano. Siamo qui per *prendere* la torre. Dobbiamo portarla sul nostro pianeta. Vede quella signora lì? – (il capo spaziale indica uno degli altri due scafandri) – Quella lì è la signora Boll Boll, che abita nella città di Sup, a pochi chilometri dalla capitale della Repubblica karpiana del Nord.

La signora spaziale, sentendo il suo nome, si volta vivacemente e si mette in posa, sperando di essere fotografata. Il sindaco si scusa di non saper fare fotografie e batte sempre sullo stesso chiodo: – Cosa c'entra la signora Boll Boll? Qua si tratta che voi, senza il permesso dell'arcivescovo e del sovrintendente alle belle arti, la torre non la potete neanche toccare, altro che portarla via!

– Lei non capisce, – spiega il capo spaziale. – La signora Boll Boll ha vinto la Torre di Pisa nel nostro grande concorso Bric.

– Ora ho capito bene, – sbotta il sindaco, – ho capito che per voi la Torre di Pisa è roba di nessuno! Il primo che se la piglia, è sua.

– La signora Boll Boll la metterà nel suo giardino; avrà certamente un grande successo: correranno karpiani da tutta Karpa per vederla.

– La torre non si tocca! – grida il sindaco. – Mi ha sentito bene?

«Sie nehmen … was?»

«Den Turm.»

«Entschuldigen Sie, Herr Karpanese, vielleicht habe ich nicht richtig verstanden. Sie wollen sagen, dass der Turm sie interessiert, vielleicht möchten Sie und ihre Herren Freunde auf die Spitze steigen, um das Panorama zu genießen und dabei, um keine Zeit zu verlieren, einige wissenschaftliche Experimente über die Schwerkraft machen?»

«Nein», antwortet der Karpanese geduldig. «Wir sind hier, um den Turm *mitzunehmen*. Wir müssen ihn auf unseren Planeten bringen. Sehen Sie die Signora dort?» (der Chef der Weltraumbewohner zeigt auf einen der anderen beiden Raumfahrer-Helme) «Das ist Signora Boll Boll, die in der Stadt Sup wohnt, wenige Kilometer von der Hauptstadt der nordkarpanesischen Republik entfernt.»

Wie sie ihren Namen hört, dreht sich die Weltraum-Signora lebhaft um und stellt sich in Pose, in der Hoffnung, fotografiert zu werden. Der Bürgermeister entschuldigt sich, dass er keine Aufnahmen machen kann und hakt an der vorigen Stelle ein: «Was hat Signora Boll Boll damit zu tun? Es geht darum, dass Sie ohne Erlaubnis des Erzbischofs und des Oberintendanten für Kunst den Turm nicht einmal berühren dürfen, geschweige denn wegtragen!»

«Sie verstehen nicht», erklärt der Chef der Weltraumbewohner. «Signora Boll Boll hat den Turm von Pisa in unserem großen Bric-Wettbewerb gewonnen.»

«Jetzt habe ich richtig verstanden», platzt der Bürgermeister heraus, «ich habe verstanden, dass für Sie der Turm von Pisa ein Ding ist, das niemandem gehört! Dem Ersten, der ihn sich nimmt, gehört er!»

«Signora Boll Boll wird ihn in ihren Garten stellen; sie wird sicherlich großen Erfolg haben: Vom ganzen Planeten werden die Karpanesen kommen und ihn besichtigen.»

«Der Turm wird nicht angefasst!», schreit der Bürgermeister. «Haben Sie mich verstanden?»

– Guardi, – dice il capo spaziale al sindaco, mostrando un bottone della sua tuta, – lo vede questo? Se io lo schiaccio, Pisa salta per aria e non torna più a terra.

Il sindaco resta senza fiato. Intorno a lui la folla inorridisce in silenzio. Si sente solo, in fondo alla piazza, una voce di donna che chiama: – Giorgina Renato! Giorgina! Renato!

Il signor Carletto Palladino borbotta mentalmente: – Ecco, con le buone maniere si ottiene tutto.

Non fa in tempo a finire questo importante pensiero, che la torre ... scompare, lasciando un buco nel quale l'aria si precipita come un sibilo.

– Visto? – domanda il capo spaziale. – Molto semplice.

– Cosa ne avete fatto? – grida il sindaco.

– Ma eccola là, – dice il karpiano, – l'abbiamo rimpicciolita un tantino per poterla trasportare: una volta a casa della signora Boll Boll le ridaremo le sue dimensioni normali.

Difatti là, dove la torre si ergeva in tutta la sua altezza e pendenza, al centro dello spiazzo vuoto lasciato dalla sua sparizione, si può vedere ora una torricina piccina piccina, simile in tutto e per tutto ai ricordini del signor Carletto Palladino.

La gente si fa uscire dal petto un lungo «ooohh!» durante il quale si sente ancora la voce di quella signora che chiama i suoi bambini: – Renato! Giorgina!

La signora Boll Boll fa per chinarsi a raccogliere la minitorre e metterla in borsetta, ma prima di lei qualcuno, precisamente il signor Carletto Palladino, si getta sui miseri resti dell'antico e famoso monumento, come i cani si gettano (cosí, almeno, la raccontano) sulla tomba del padrone. I karpiani, colti

«Hier», sagt der Weltraum-Chef zum Bürgermeister und zeigt auf einen Knopf an seinem Anzug, «sehen Sie den? Wenn ich auf den drücke, fliegt Pisa in die Luft und kehrt nicht mehr zur Erde zurück.»

Dem Bürgermeister stockt der Atem. Die Menge um ihn herum erstarrt in entsetztem Schweigen. Nur am Ende des Platzes hört man eine Frauenstimme, die ruft: «Giorgina! Renato! Giorgina! Renato!»

Signor Carletto Palladino denkt murrend: «Da sieht man es wieder, mit guten Manieren erreicht man alles.»

Er kommt gar nicht dazu, den wichtigen Gedanken zu Ende zu denken, als der Turm … verschwindet und ein großes Loch hinterlässt, in das die Luft pfeifend einschießt.

«Haben Sie gesehen?», fragt der Chef der Weltraumbewohner. «Ganz einfach.»

«Was haben Sie damit gemacht?», schreit der Bürgermeister.

«Aber da ist er doch», sagt der Karpanese, «wir haben ihn ein bisschen verkleinert, um ihn transportieren zu können. Sobald er im Haus der Signora Boll Boll ist, werden wir ihn wieder in seine richtigen Ausmaße zurückverwandeln.»

Tatsächlich kann man jetzt da, wo der Turm in seiner ganzen Höhe und Neigung emporragte, in der Mitte der durch sein Verschwinden verursachten leeren Stelle, ein winzig kleines Türmchen sehen, alles in allem ähnlich wie die Andenken von Signor Carletto Palladino.

Den Leuten entfährt ein langes «Ooohh!», während dessen man wieder die Stimme dieser Signora hört, die ihre Kinder ruft: «Renato! Giorgina!»

Signora Boll Boll will sich gerade bücken, um den Miniturm aufzuheben und in ihre Tasche zu stecken, doch vor ihr wirft sich jemand, genau gesagt Signor Carletto Palladino, auf die elenden Reste des alten und berühmten Denkmals, wie sich Hunde (so wird wenigstens erzählt) auf das Grab ihres Herrchens werfen. Die Karpanesen, überrascht und am

di sorpresa e di contropiede, tardano un momento a reagire; ma poi, con tutte quelle braccia, non fanno nessuna fatica ad immobilizzare il signor Carletto, a sollevarlo di peso e a depositarlo a debita distanza.

– Ecco fatto, – dice il capo spaziale. – Ora noi abbiamo la torre, ma a voi restano tante altre belle cose. Non ci resta che dirvi arrivederci e grazie.

– Andate al diavolo! – risponde il sindaco. – Pirati! Ma ve ne pentirete. Un giorno avremo anche noi i dischi volanti ...

Poi si sente la vocetta del signor Carletto, che fa: – Scusi, signor karpiano ...

– Dica, dica.

– Avrei una preghiera da rivolgervi.

– Una petizione? Allora deve usare la carta bollata.

– Ma si tratta solo di una sciocchezza. Dal momento che la signora Boll Boll ha avuto il suo premio ... se voi volete ...

– Che cosa?

– Ecco, io avrei qui questo modellino del nostro bel campanile. È un giocattolino di marmo, come vedete. A voi non costerebbe niente ingrandircelo ad altezza naturale. Così almeno ci resterebbe un ricordino del nostro campanile ...

– Ma sarebbe una cosa finta, senza nessun valore storico-artistico-turistico-pendente, – osserva, stupito, il capo spaziale. – Sarebbe un surrogato come la cicoria.

– Pazienza, – insiste il signor Carletto. – Ci contenteremo.

Il capo spaziale spiega la strana richiesta al suo collega e alla signora Boll Boll, che scoppiano a ridere.

– Che buffonata! – protesta il sindaco. – Non vogliamo nessuna cicoria!

falschen Fuß erwischt, zögern einen Augenblick, bevor sie reagieren, doch dann haben sie mit allen ihren Armen keine Mühe, Signor Carletto festzuhalten, hochzuheben und in gebührender Entfernung abzusetzen.

«So, das hätten wir», sagt der Weltraum-Chef. «Jetzt haben wir den Turm, doch Ihnen bleiben ja viele andere schöne Dinge. Es bleibt uns nur noch, Ihnen Auf Wiedersehen und Danke zu sagen.»

«Schert euch zum Teufel!», entgegnet der Bürgermeister. «Piraten! Aber das werdet ihr bereuen. Eines Tages werden auch wir fliegende Untertassen haben ...»

Dann hört man die dünne Stimme von Signor Carletto, die sagt: «Verzeihen Sie, Herr Karpanese ...»

«Sprechen Sie, sprechen Sie!»

«Ich hätte eine Bitte an Sie!»

«Ein Bittgesuch? Dann müssen Sie ein amtliches Formblatt benutzen.»

«Es handelt sich nur um eine Kleinigkeit. Da Signora Boll Boll ihren Preis erhalten hat ... wenn Sie wollen ...»

«Was?»

«Sehen Sie, ich hätte hier dieses kleine Modell unseres schönen Turmes. Es ist ein Spielzeug aus Marmor, wie Sie sehen. Für Sie wäre es doch sicher kein Problem, ihn für uns in seine natürliche Größe zu verwandeln. So bliebe uns wenigstens ein Andenken an unseren Turm ...»

«Aber das wäre eine Fälschung, ohne irgendeine historisch-künstlerisch-touristisch-schiefe Qualität», wendet der Weltraum-Chef erstaunt ein. «Es wäre ein Ersatz wie Malz-Kaffee.»

«Machen Sie sich keine Sorgen», beharrt Signor Carletto. «Wir werden uns damit zufriedengeben.»

Der Weltraum-Chef erklärt die seltsame Bitte seinem Kollegen und Signora Boll Boll, die in Gelächter ausbrechen.

«So ein Blödsinn!», schimpft der Bürgermeister. «Wir wollen keinen Malz-Kaffee!»

– Lasci fare, signor sindaco, – dice il signor Carletto.

– Va bene, – fa il capo spaziale. – Dia qua.

Il signor Palladino gli consegna il modellino; il capo spaziale lo colloca al punto giusto, gli punta addosso un bottone della sua tuta (un altro, non quello delle bombe) e ... là! Fatto! Ecco di nuovo la Torre di Pisa al suo posto ...

– Bella roba! – continua a protestare il sindaco. – Si vede di lontano che è falsa come Giuda. Oggi stesso farò demolire questa vergogna.

– Come vuole lei, – dice il capo spaziale. – Be, noi ce ne andiamo, neh? Buongiorno e buona Pasqua.

I karpiani risalgono sul loro quasi-elicottero, tornano sull'astronave d'oro e d'argento, e subito dopo in cielo c'è soltanto un passero solitario, che torna sulla vetta della torre antica. Poi succede una cosa strana. Davanti a tutta quella gente disperata, alle forze dell'ordine sconsolate, al sindaco che singhiozza, il signor Carletto Palladino si mette a ballare la tarantella e il saltarello.

– Poverino! – dice la gente. – E diventato matto per il dolore.

– Matti sarete voi, – grida invece il signor Carletto. – Stupidelli e sciocchini, che non siete altro! Non vi siete accorti che gli ho scambiato la torre sotto il naso, ai karpiani?

– Ma quando?

– Quando l'hanno rimpicciolita e io mi ci sono buttato sopra, fingendo di fare il cane sulla tomba del padrone. L'ho sostituita con uno dei miei ricordini. Nella borsetta della signora Boll Boll c'è la torre fasulla! E quella vera è questa qua, questa qua; e ce l'hanno pure fatta tornare grande e pendente co-

«Lassen Sie ihn nur machen, Herr Bürgermeister», sagt Signor Carletto.

«Also gut», meint der Chef der Weltraumbewohner. «Geben Sie her.»

Signor Palladino gibt ihm das kleine Modell. Der Weltraum-Chef stellt es an den richtigen Platz, zielt auf ihn mit einem Knopf seines Anzugs (einem anderen, nicht dem für die Bomben) und … da! Schon erledigt! Der Turm von Pisa ist wieder an Ort und Stelle …

«So was Blödes!», schimpft der Bürgermeister weiter. «Man sieht schon von Weitem, dass er falsch ist wie Judas. Noch heute lasse ich diese Schande niederreißen.»

«Wie Sie wollen», sagt der Chef der Weltraumbewohner. «Gut, wir gehen, oder? Guten Tag und frohe Ostern.»

Die Karpanesen besteigen ihr hubschrauber-ähnliches Gefährt und begeben sich damit wieder in ihr Raumschiff aus Gold und Silber. Gleich danach sieht man am Himmel nur noch einen einsamen Spatzen, der auf die Spitze des alten Turms zurückkehrt. Dann passiert etwas Seltsames. Vor all den verzweifelten Leuten, vor den untröstlichen Ordnungshütern, vor dem schluchzenden Bürgermeister fängt Signor Carletto Palladino an, Tarantella und Saltarello zu tanzen.

«Der Arme!», sagen die Leute. «Er ist vor lauter Kummer verrückt geworden.»

«Ihr seid verrückt», ruft dagegen Signor Carletto. «Dummerchen und kleine Narren seid ihr, sonst nichts! Habt ihr nicht gemerkt, dass ich den Turm vor der Nase der Karpanesen ausgetauscht habe?»

«Ja wann denn?»

«Wie sie ihn verkleinert haben und ich mich darübergeworfen habe und so tat wie ein Hund auf dem Grab seines Herrchens. Ich habe ihn durch eins meiner Andenken ersetzt. In der Handtasche der Signora Boll Boll ist der falsche Turm! Und der wirkliche ist dieser hier, dieser hier; und sie haben ihn auch noch wieder groß gemacht und schief wie vorher;

me prima; e ci hanno pure fatto quattro risate. Ma guardate, toccate, leggete tutti i nomi che ci avete scarabocchiato sopra ...

– E vero! E vero! – grida una signora. – Ecco qui i nomi dei miei bambini, Giorgina e Renato. Ce li hanno scritti proprio stamattina con la biro!

– Bravi! – fa un vigile urbano, dopo aver controllato. – Proprio così. Cosa fa, signora, la contravvenzione la paga subito o gliela mando a casa?

Ma la contravvenzione, per una volta, la paga generosamente il sindaco di tasca sua, mentre il signor Carletto Palladino viene portato in trionfo, che, per lui, è tutta una perdita di tempo, perché intanto i turisti comprano i ricordini dalla concorrenza.

und haben uns auch noch ausgelacht. Aber seht, fasst an, lest all die Namen, die ihr drauf gekritzelt habt …»

«Es stimmt!», schreit eine Signora. «Hier sind die Namen meiner Kinder, Giorgina und Renato. Sie haben sie erst heute Morgen mit dem Kugelschreiber drauf geschrieben!»

«Sehr gut!», meint ein Schutzmann, nachdem er es untersucht hat. «Genauso ist es. Wollen Sie den Strafzettel gleich zahlen, Signora, oder soll ich ihn Ihnen nach Hause schicken?»

Aber die Ordnungsstrafe zahlt für dieses eine Mal großzügig der Bürgermeister aus seiner Tasche, während Signor Carletto Palladino triumphal gefeiert wird, was für ihn einen Zeitverlust bedeutet, weil inzwischen die Touristen die Andenken bei der Konkurrenz kaufen.

Nachwort

Wer hat in diesem Toskana-Lesebuch alles gefunden, was er erwartet hat? Wohl niemand. Es fehlen viele große Namen, die entweder als Autoren oder als dargestellte Personen hätten vorkommen müssen. Etliche kostbare kleinere Städte und viele bedeutende Örtlichkeiten treten nicht in Erscheinung. Und die Ausländer, die, wenn nicht die Toskana zur Toskana, so doch Florenz erst richtig zu Florenz gemacht haben, fehlen ganz. Sie einzubinden, auch nur andeutungsweise, hätte aus einem italienisch-deutschen ein chaotisch-interessant polyglottes, aber doch allzu beliebiges und kaum nützliches Buch gemacht. – Das alles ist den beiden Herausgeberinnen und dem Verlag bewusst.

Aber andere Frage: Welcher Leser, welche Leserin hat in diesem Buch keine Entdeckung gemacht? Wir denken uns: Es können nicht allzu viele sein. Dass im Quartiere Santa Croce Arbeiterjungen ihr eigenes vermutlich wiederum armes Leben entwerfen; dass im harten Florentiner Winter eine Mutter sich an ihrem kleinen Sohn, den sie zur Schule wecken muss, die Hände wärmt und ihn dabei ein wenig Frömmigkeit lehrt; dass in Lucca ein anderer Sohn zusammen mit seinem Vater den (inneren) Aufstand gegen die Übermacht der Frommen probt; dass sich, vor sechshundert Jahren, ein Mädchen über ihren Vater beklagt, der sie an jemanden verheiraten will, den sie nicht mag; dass sich, über den Palio von Siena hinweg, ein entzweites Ehepaar wehmütig durchs Fernglas beäugt; dass unbeschwerte Ausflügler mit ihrem Auto eine Schlange verletzen und dass deren Kampf ums Überleben ihnen wunderbar Mut macht; dass in Pisa …

Wir wollen nicht alles aufzählen, wovon wir meinen, dass es für die meisten Leser eher überraschend gewesen ist – oder, wenn sie das Nachwort vorab lesen, überraschend sein

wird. Wir wollen aber daran erinnern, dass ein Lesebuch nur ein Lesebuch ist, und dass man Dutzende von Toskana-Büchern gelesen haben muss, bis man sagen kann: Nun bin ich da halbwegs zu Hause.

Die Reihenfolge ist nicht chronologisch und fast nicht geographisch. Von Florenz aus werden Streifzüge anderswohin unternommen, zum Beispiel nach Siena, aber auch in die Umgebung. Andere italienische Städte und Regionen spielen ein wenig herein, da manche Toskaner zeitweise anderswo leben wollten oder mussten. Im letzten Viertel des Buches gibt es eine Reisebewegung über Lucca nach Pisa. Dort scheint die Toskana sich nicht nur zum Meer, sondern sogar zum Weltraum hin zu öffnen.

Schließlich wollen wir noch anmerken: Die Texte sind dem Wortlaut nach genauestens zitiert, in der Schreibweise aber vorsichtig den heutigen Gewohnheiten angenähert. Die Übersetzung ist so wortgenau, wie es möglich ist, wenn man lesbare deutsche Texte hervorbringen soll und will. Bei der Übersetzung der Gedichte haben wir eine etwas größere Freiheit in Anspruch genommen und die reine Prosa-Übersetzung leicht metrisch gestaltet, damit man doch auch im Deutschen merkt, dass es sich um Gedichte handelt.

Bio-bibliographische Notizen

Vittorio Alfieri, 1749 Asti – 1803 Florenz.

Anna Banti, 1895 Florenz – 1985 Ronchi (Massa). Die Autorin identifiziert sich mit der Malerin Artemisia a Gentileschi, die zu Beginn des 17. Jahrhunderts gelebt hat. Aus: *Artemisia*, Mondadori, Milano 1974. © Fondazione di Studi di Storia dell' Arte Roberto Longhi.

Arrigo Benedetti, 1910 Lucca – 1976 Rom. Aus: *Il passo dei Langobardi*, Mondadori, Milano 1964.

Giovanni Boccaccio, geboren 1313 in Florenz oder Certaldo, gestorben 1375 in Certaldo. Aus dem *Decamerone*.

Giosuè Carducci, 1835 Val di Castello in Versiglia (Lucca) – 1907 Bologna. Erhielt 1906 als erster Italiener den Nobelpreis für Literatur.

Carlo Cassola, 1917 Rom – 1985 Montecarlo (Lucca). Sein Buch *La ragazza di Bube* (Premio Strega 1960) spielt in der Toskana der Nachkriegszeit. Bube, Ex-Partisan, begeht einen Mord; er fühlt sich immer noch als «Rächer». Copyright Einaudi, Torino 1960, Mondadori, Milano 1968.

Emilio Cecchi, 1884 Florenz – 1966 Rom. Aus: *Corse al trotto vecchie e nuove*, R. C. S. Libri S. p. A. Sansoni, Milano 1936.

Benvenuto Cellini, 1500 Florenz – 1571 Florenz. Goethes Übersetzung seines Buches erschien 1796 unter dem Titel *Leben des Benvenuto Cellini, florentinischen Goldschmieds und Bildhauers, von ihm selbst geschrieben*.

Bruno Cicognani, 1879 Florenz – 1971 Florenz. Aus: *L'età favolosa*, Vallecchi, Firenze 1940.

Carlo Collodi, 1826 Florenz – 1890 Florenz. Die erste Ausgabe des Buches *Le avventure di Pinocchio* erschien 1880.

Gabriele d'Annunzio, geboren 1863 in Pescara, wohnte in Prato, starb 1938 in Cargnacco bei Gardone.

Dante Alighieri, 1265 Florenz – 1321 Ravenna. Aus der *Divina Commedia*.

Compiuta Donzella, vermutlich aus der Toskana stammend, Dichterin im 13. Jahrhundert.

Francesco d'Assisi, ursprünglich Giovanni Bernadone, 1182 Assisi – 1226 Assisi, der Gründer des Bettelordens der Franziskaner. Sein Wirkungsgebiet war hauptsächlich Umbrien, aber durch einige wichtige Ereignisse und Stätten seines Lebens ist er auch eng mit der Toskana verbunden. Die Legendensammlung *Fioretti di San Francesco* ist von namentlich nicht bekannten Ordensbrüdern geschrieben worden.

Carlo Fruttero & Franco Lucentini, 1926 Turin – 2012 Castiglione della Pescaia und Rom 1920 – 2002 Turin, sind keine Toskaner. Das bekannte Autorenpaar lebte lange in Turin. Erste Textstelle aus: *Breve storie delle vacanze*, Milano 1994. Abdruck mit freundlicher Genehmigung durch Vermittlung von Francesa Infascelli. Zweite Textstelle aus: *Il Palio delle Contrade Morte*, Milano 1983. © Arnoldo Mondadori Editore S. p. A. Übersetzung von Burkhart Kroeber. 1. © Piper Verlag GmbH, München 1986. 2. © Burkhart Kroeber.

Renato Fucini, 1843 Monte Rotondo in der Maremma – 1921 Empoli. Aus: *Tutti i suoi scritti*, Casa Editrice Luigi Trevisani, Milano 1956.

Galileo Galilei, 1564 Pisa – 1642 Arcetri bei Florenz. Brief aus seinem Verbannungsort auf dem Lande.

Tommaso Landolfi, 1908 Pico/Frosinone – 1979 Rom. Autor phantastisch-ironischer Romane mit surrealistischen Effekten. Aus: *La bière du pêcheur*, Vallecchi Editore Firenze 1953.

Leonardo da Vinci, 1452 Vinci bei Empoli – 1519 Cloux bei Amboise, Universalgenie, uns vor allem als Maler bekannt, war auch ein angesehener Autor.

Niccolò Machiavelli, 1469 Florenz – 1527 Florenz, Staatsmann und Schriftsteller zur Zeit von Lorenzo Il Magnifico, Autor des Werkes *Il Principe*.

Alessandro Manzoni, Mailand 1785–1873. Manzoni schrieb *Die Verlobten*, den bedeutendsten Roman der italienischen Literatur, von 1820 bis 1823. Als «Risciacquatura in Arno» bezeichnete er seine spätere Überarbeitung des Buches im Sinne des «Florentinismus».

Michelangelo (historische Schreibweise: Michelagniolo) Buonarroti, 1475 Caprese (Toskana) – 1564 Rom, der große Bildhauer, Maler und Architekt ist auch ein Dichter der Weltliteratur. Viele seiner Gedichte sind an Vittoria Colonna gerichtet, so dieses Madrigal.

Indro Montanelli, 1909 in Fucecchio bei Florenz – 2001 Mailand. Buchautor und Publizist. Gründer der Zeitung *Il Giornale Nuovo*. Aus: *Gli Incontri*, S. 273 ff. © RCS Libri S. p. A., Milano 1961–2002.

Aldo Palazzeschi, 1885 Florenz – 1974 Rom.
Sora Sofia, das Sittenbild einer netten, aber komplizierten Nachbarschaft steht in dem Buch *Stampe dell'Ottocento* (1932), Vallecchi Editore, Firenze 1932.
L'incendiario in: *Poesie*, antologia a cura di S. Antonielli, Milano 1971. © Arnoldo Mondador Editore S. p. A., Milano.

Giovanni Papini, Florenz 1881 – 1956 Florenz. Aus: *Autoritratti e ritratti* in *Classici contemporanei italiani*, 10 vol., Mondadori, Milano 1959–66. © Anna Casini Paszkowski, Roma.

Giovanni Pascoli, 1855 S. Mauro di Romagna (heute S. Mauro Pascoli) – 1912 Bologna. Die Toskana war seine Wahlheimat.

Vasco Pratolini, 1913 Florenz – 1991 Rom. Aus: *Il Quartiere*, Mondadori Editore S. p. A. Milano 1961. 13. ristampa Oscar Mondadori 1982. © 1944 Nuova Biblioteca Roma-Milano. © 2012 RCS Libri S. p. A., Milano. Ein Bericht über das Leben der Arbeiterjugend in den 40er Jahren. Das Viertel ist das Quartiere Santa Croce in Florenz.

Luigi Pulci, 1432 Florenz – Padua 1484.

Gianni Rodari, 1920 – 1980. Aus: *Märchen aus der Schreibmaschine*. © Edizioni EL S. r. l., Trieste.

Franco Sacchetti, 1332 Florenz – 1400. Erzähler von Schwänken und Klatschgeschichten.

Ardengo Soffici, 1879 Rignano sull'Arno – 1964 Forte dei Marmi. Vertreter der antitraditionellen Kunst des Futurismus. Aus: *Simultaneità*, Vallecchi Editore, Firenze 1961.

Luigi Stefani, Monsignore. Aus: *Dante e la sua chiesa*. Quaderni de «lo Sprone», Firenze 1979.

Giovanni Strozzi (il Vecchio), 1505 Florenz – 1571 Florenz.

Antonio Tabucchi, geboren 1943 Vecchiano / Pisa. Aus: *Piazza d'Italia*, Feltrinelli, Milano. © Antonio Tabucchi, 1975, mit freundlicher Genehmigung von The Wylie Agency (UK), Limited. © für die deutsche Übersetzung von Karin Fleischanderl Klaus Wagenbach Verlag, Berlin 1998.

Niccolò Tommasèo, 1802 Sebenico – 1874 Florenz, bedeutender katholischer Intellektueller des 19. Jahrhunderts. Herausgeber der Briefe der Katharina von Siena (1860).

Federigo Tozzi, 1883 Siena – 1920 Rom. Aus Tozzis letztem Werk, dem Roman *Il Podere*.

Giorgio Vasari, 1511 Arezzo – 1574 Florenz, Biograph berühmter Maler, Bildhauer und Architekten der Renaissance.